HEYNE KOCHBÜCHER

ECKART WITZIGMANN
Kochen mit der Mikrowelle

Ausgewählte Rezepte für Feinschmecker

Unter Mitarbeit von
SABINE VON IMHOFF

Rezept-Fotos von
JOHANN WILLSBERGER

Originalausgabe

WILHELM HEYNE VERLAG
MÜNCHEN

HEYNE KOCHBUCH
07/4612

Copyright © 1990
by Wilhelm Heyne Verlag GmbH & Co. KG, München,
und by Siemens-Electrogeräte GmbH, München
Printed in Germany 1990
Umschlaggestaltung: Atelier Ingrid Schütz
Umschlagfoto: Rolf Rehak
Innenfotos: Johann Willsberger
Satz: Schaber, Wels
Druck und Bindung: R.M.O. Druck München

ISBN 3-453-04386-3

INHALT

ECKART WITZIGMANN, 1941 in Bad Gastein geboren, verbrachte seine Lehr- und Wanderjahre bei den besten Köchen Europas. Ent-
scheidende Impulse für seine steile Karriere erhielt er bei den
Gebrüdern Haeberlin und bei Paul Bocuse in Frankreich.
Seiner Liebe zur leichten, natürlichen Küche ist er bis heute treu
geblieben: in seinem Münchner Restaurant ›Aubergine‹. Seine
Kreativität und sein großes fachliches Wissen und Können haben
ihn zu Deutschlands Koch Nummer 1 gemacht — zu einem der
ganz Großen seines Fachs.
»Am Anfang jeder Kochkunst steht die Natur«, sagt der Mann,
der die neue, deutsche Gastronomie wie kein anderer beeinflußt

hat. Und bescheiden: »Eine Küche kann nicht besser sein als die Produkte, von der sie ausgeht.« Mit dieser Philosophie und der kulinarisch-fantasievollen Umsetzung hat er 1979 als erster deutscher Gastronom die begehrten 3 Sterne vom ›Michelin‹-Himmel geholt.

Auch als Autor ist Eckart Witzigmann hervorgetreten. Mit seinen Kochbüchern ›Meisterwerke aus der Drei-Sterne-Küche‹, ›Kulinarische Kreationen‹, ›Meine hundert Hausrezepte‹ und zuletzt mit der ›Olympiadiät‹, die er in Zusammenarbeit mit Prof. Dr. Keul 1988 in Calgary herausgebracht hat.

»Gäste zu bewirten ist mein Beruf. Dennoch macht es mir ungeheuren Spaß, auch hin und wieder ganz privat für Freunde zu kochen«, verrät der sympathische Wahl-Münchner. Zu solchen Gelegenheiten probiert er auch gerne einmal etwas Neues aus und macht den heimischen Herd zur Experimentierküche, was er in seinem Lokal nicht so ohne weiteres kann. In der Küche der ›Aubergine‹ muß jeder Handgriff sitzen und darauf kann er sich in seinem eingespielten Team auch verlassen.

»Meine Motivation ist die Zufriedenheit des einzelnen Gastes«, erklärte Eckart Witzigmann sein ganz persönliches Erfolgsrezept. Dieses Ziel täglich aufs neue zu erreichen spornt ihn an, ist zur Triebfeder seiner unnachahmlichen Schaffenskraft geworden. Unmerklich ist der Beruf zur Berufung gewandelt. Ein Grund, weshalb seine Neugier auch nie nachließ und wohl auch niemals ganz befriedigt sein wird.

Vorwort

»Stets auf der Suche nach besten Zutaten und optimaler Zubereitung hat mich die Mikrowellentechnik überzeugt. Ich bin sicher, sie wird in Zukunft an Bedeutung gewinnen und Bestandteil des modernen Haushalts sein. Denn die ausgereifte Technik der Mikrowellen-Geräte kommt den gewachsenen Ansprüchen doppelt entgegen. Sie bringt eine enorme Zeitersparnis von bis zu 50 Prozent und läßt alle Gerichte vorzüglich gelingen. Sicher sind meine Rezepte der beste Beweis dafür.

Ich wünsche Ihnen gutes Gelingen und *bon appétit.*

Ihr *Hubert Loitzigmann*

P.S.: Ich bin sicher, selbst ungeübte Mikrowellen-Neulinge werden meine Rezepte erfolgreich nachkochen können!«

Vorspeisen

Kartoffelrahmsuppe mit Lauch

Alles was der Körper an hochwertigem Nährstoff für den ganzen Tag braucht, ist in etwa zehn mittelgroßen Kartoffeln enthalten. Denn die ›Königin der Unterwelt‹ hat's faustdick hinter der Schale: beispielsweise mehr Vitamin C (12,2 mg) als ein Apfel (11,04 mg), auch mehr Vitamin B_2, den gleichen Anteil an Ballaststoffen sowie jede Menge Mineralstoffe und Spurenelemente. Und das Gerücht, sie sei ein Dickmacher, ist ein Gerücht. Denn 100 g haben lediglich 68 kcal., dafür aber einen hohen Sättigungswert.

Zutaten für 4 Personen
100 g mehlige Kartoffeln (geschält gewogen)
insgesamt 350 ml kräftig abgeschmeckte, klare Hühnerbrühe
100 g Lauch · 15 g Butter · 1 Bund Petersilie
⅛ l Sahne · 65 g kalte Butter · Salz · Pfeffer

Zubereitung

Kartoffeln schälen, waschen und in ca. 1 cm dicke Scheiben schneiden. Mit 100 ml Hühnerbrühe bei 600 Watt 7 Minuten im geschlossenen Gefäß garen.

Anschließend die Kartoffeln in der Küchenmaschine oder mit dem Pürierstab pürieren. Den Rest Hühnerbrühe dazugeben und miteinander verschlagen. Lauch putzen, aufschlitzen, gründlich waschen und in feine Ringe schneiden. Zusammen mit der Butter im Serviergeschirr bei 600 Watt 2 Minuten dünsten.

In der Zwischenzeit die Petersilie hacken und zum Lauch geben. Einen kleinen Rest zum Garnieren aufheben.

Die abgekühlte Kartoffelmasse mit Sahne und kühlschrank-kalter Butter verschlagen und über den Lauch geben. Die Suppe mit Salz und Pfeffer abschmecken und bei 600 Watt 2—3 Minuten erwärmen.

Servier-Vorschlag

Raffiniert schmeckt die Kartoffelrahmsuppe mit darüber gestreuter Petersilie und Brot-Croûtons.

	MICROWELLE	MICROWELLE mit Heißluft	MICROWELLE Einbauherd
Einschubhöhe	1	1	1
Temperatur	siehe ›Zubereitung‹		
Mikrowelle	siehe ›Zubereitung‹		
Zeit	siehe ›Zubereitung‹		

Fisch-Timbale

Timbales (franz. = Becherpasteten) waren bisher komplizierte Gerichte. Teilweise oder gar nicht gegarte Zutaten wurden in einer kleinen Pastetenform im Wasserbad pochiert, d.h. sie mußten in heißer, aber nicht kochender Flüssigkeit gar ziehen. Eine sehr aufwendige, aber speziell für zarten, empfindlichen Fisch besonders gut geeignete Garmethode.

Die Mikrowelle zaubert diese Köstlichkeit heute ohne Wasserbad, genauso schonend, aber minutenschnell. Der Timbale-Renaissance steht nichts mehr im Wege.

Zutaten für 4 Personen
120 g Lachsfilet · 120 g Hecht- oder Zanderfilet
200 ml Sahne · Salz · Pfeffer · 1 kleine Karotte
1 kleinen Zucchino · 10 Blätter Estragon
2 EL geschlagene Sahne · 24 Spinatblätter
weiße Fischfondsauce

Zubereitung

70 g vom Lachsfilet zusammen mit dem Hecht- bzw. Zanderfilet fein pürieren. Dabei nach und nach die Sahne zugeben, mit Salz und Pfeffer würzen. Die Fischmasse einige Minuten ins Gefrierfach stellen.

In dieser Zeit die Karotte und den Zucchino sehr fein würfeln und bei 600 Watt 2 Minuten vorgaren. Das Gemüse abkühlen lassen. Die Estragonblättchen fein hacken. Die restlichen 50 g Lachs in kleine Würfel schneiden. Anschließend die gekühlte Fischmasse durch ein Haarsieb streichen.

Das Gemüse, den Estragon, den gewürfelten Lachs sowie 2 EL geschlagene Sahne darunterziehen. Die Masse in 4 gebutterte Flanförmchen (Inhalt: ⅛ l) füllen und bei 600 Watt 5—8 Minuten garen.

Servier-Vorschlag

Die 24 Spinatblätter kurz in kochendem Wasser 1 Minute blanchieren und mit weißer Fischfondsauce anrichten. Je ein gestürztes Förmchen in die Mitte des Tellers setzen.

	MICROWELLE	MICROWELLE mit Heißluft	MICROWELLE Einbauherd
Einschubhöhe	1	1	2
Temperatur	—	—	—
Mikrowelle	600 W	600 W	600 W
Zeit	5—8 Min.	5—8 Min.	5—8 Min.

Quiche Aubergine

Quiche muß nicht immer ›Lorraine‹ heißen, um köstlich zu sein.
Und der Mürbeteig muß nicht immer mit Butter zubereitet sein,
um Ihrer Fantasie die beste Grundlage zu bieten. Schweineschmalz macht ihn viel geschmeidiger.

Die Aubergine — hier im Mittelpunkt der Quiche-Krönung —
ist besonders kalorienarm (100 g = 15 Kalorien) und vitaminreich.
Vor dem Dünsten, Überbacken oder Braten, sollte man das Fruchtfleisch kosten. Wenn es bitter schmeckt, mit Salz bestreuen. Nach
ca. 5 Minuten die durch das Salz gebundenen Bitterstoffe abspülen und das Fruchtfleisch trockentupfen.

Zutaten für 6 Personen

250 g Mehl · 100 g Schweineschmalz · 1 Ei · 1 Eigelb

Salz · Pfeffer

FÜR DEN BELAG:

je ½ rote, grüne und gelbe Paprika

1 kleinen Zucchino · 1 kleine Aubergine · 1 kleine Schalotte

2 Tomaten aus der Dose und 3 EL des Saftes

1 EL frisch gehackter Thymian · 1 EL frisch gehacktes Basilikum

½ gepreßte Knoblauchzehe · 2 Eier · ⅛ l Sahne

Butter für die Springform (Ø 26 cm)

Hülsenfrüchte, z. B. getrocknete Erbsen

2 EL frisch geriebener Käse

Zubereitung

Für den Teig das Mehl in eine Schüssel sieben. Schweineschmalz,
Ei, Eigelb, Salz und Pfeffer dazugeben. Alles rasch mit den Hän-
den vermengen. Dabei den Teig vorsichtig zusammendrücken —
nicht kneten. Zu einer Kugel formen und 30 Minuten lang kühl
stellen.

Für den Beleg das Gemüse sehr fein würfeln (brunoise) und portionsweise in der Pfanne anschwitzen. Tomaten und 3 EL Saft dazugeben und so lange köcheln lassen, bis die Flüssigkeit verdunstet ist. Mit dem frisch gehackten Thymian, Basilikum, der durchgepreßten Knoblauchzehe, Salz und Pfeffer würzen. Die Gemüsemasse abkühlen lassen.

Für die Royal die Sahne mit den Eiern verschlagen und beiseite stellen.

Die Springform buttern. ⅔ des gekühlten Teiges auf dem Boden der Springform ausrollen und den Springformrand ansetzen. Aus dem restlichen Teig eine Rolle formen und leicht in den Springformrand drücken (daumenbreit).

Den Boden mehrmals mit einer Gabel einstechen. Mit den Hülsenfrüchten bestreuen, so daß der Boden bedeckt ist, damit er sich nicht hebt und ›blind‹ backen. 20 Minuten auf Einschubhöhe 1 bei 180 °C mit Umluft.

Jetzt die Royal zum Gemüse geben und die Masse auf den vorgebackenen, von den Hülsenfrüchten befreiten Teig gießen. Die Quiche Aubergine mit Käse bestreuen und wie unten angegeben, überbacken.

Servier-Vorschlag

Die Quiche Aubergine in Tortenstücke schneiden und auf knackigfrischem Blattsalat und Gemüse anrichten.

	MICROWELLE	MICROWELLE mit Heißluft	MICROWELLE Einbauherd
Einschubhöhe	Rost 1	Rost 2	Rost 3
Temperatur	Grill-Stufe 3	220 °C Umluft-Grill	220 °C Umluft-Grill
Mikrowelle	360 W	360 W	360 W
Zeit	6—8 Min.	6—8 Min.	6—8 Min.

Gefüllte Täubchen

Tauben gibt es auch bei uns wieder häufiger. Sie werden in kleinen Betrieben — sozusagen als Liebhaberei — aufgezogen. Und das schmeckt man!

›Welt-Elite‹ sind allerdings die Täubchen aus der Bresse, Frankreichs berühmter Geflügelgegend zwischen Lyon und dem Jura. Hier werden Hühner, Tauben, Enten seit Generationen von spezialisierten Bäuerinnen sehr arbeitsintensiv mit hochwertigem Naturfutter aufgepäppelt. Und mit der Herkunftsgarantie, der ›Appellation d'Origine‹, wie sie in Frankreich den besten Weinen und Käsen zusteht, geadelt.

Zutaten für 2 Personen

2 junge Täubchen, jedes ca. 300 g schwer

Salz · Pfeffer aus der Mühle

FÜR DIE FÜLLUNG:

10 g Weißbrotwürfel (1 Scheibe Toastbrot ohne Rinde)

60 g Hähnchenfleisch · 0,1 l Sahne

1 EL Portwein · 1 EL gehackte Petersilie

50 g Gänsestopfleber bzw. helle Leberpastete

2 Blätter Pergamentpapier · 10 g Butter

Zubereitung

Die ausgenommenen und gesäuberten Tauben am Rücken mit einem Messer aufschneiden und die Knochen an beiden Seiten vorsichtig herauslösen. Anschließend die Tauben flach auf ein Brett legen, mit Salz und Pfeffer würzen.

Für die Füllung die Weißbrotwürfel in einer kleinen Pfanne anbraten und abkühlen lassen.

Das Hähnchenfleisch unter Zugabe von Sahne und Portwein sehr fein pürieren. Das Ganze mit der Petersilie, den angebratenen

Brotwürfeln und der in kleine Würfel geschnittenen Gänsestopfleber vermengen, mit Salz und Pfeffer abschmecken. Die Füllung
in die Mitte der Taube geben und beide Teile am Rücken über-
einanderschlagen.

Jede Taube mit der Brustseite nach oben auf ein Blatt Pergamentpapier legen. Das Pergament zur Taube hin fest zusammenfalten,
zunächst die Längs-, dann die Querseiten. Dabei muß ein stram-
mes Päckchen entstehen, das die Taubenbrust stolz herausdrückt.

Nun die Butter bei 600 Watt 1–1½ Minuten schmelzen und die
Taubenbrust damit bestreichen. Auf dem Rost mit vorgeheiztem
Grill, wie unten angegeben, braten. Aus den ausgelösten Tauben-
knochen einen Fond zubereiten.

Servier-Vorschlag

Die Tauben tranchieren. Mit Saucenfond, geschichteten Karotten
und Lauchgemüse anrichten.

	MICROWELLE	MICROWELLE mit Heißluf	MICROWELLE Einbauherd
Einschubhöhe	2	3	3
Temperatur	Grill-Stufe 3	220°C Umluft-Grill	220°C Umluft-Grill
Mikrowelle	360 W	360 W	360 W
Zeit	8—10 Min.	8—10 Min.	8—10 Min.

Linsensuppen-Eintopf

Ob blond, ob braun, ob rot — Linsen schmecken »je kleiner, je besser«. Die Geschmacksstoffe sitzen nämlich in der Schale. Und davon haben die kleinen im Verhältnis einfach mehr zu bieten. Frisch geerntet, sind die diskusförmigen Samen dieser Wicken-Schwester hellgrün. Sie verfärben sich erst durch Lichteinfluß beim Trocknen, allerdings ohne an Geschmack zu verlieren.

Man kann Linsen — möglichst dunkel und luftig — bis zu einem Jahr lagern. Sind sie zu alt, zeigen sie's ehrlich mit schrumpliger Schale. Im übrigen enthalten Linsen viel pflanzliches Eiweiß (24,7%) und noch mehr Kohlehydrate (60%) — also jede Menge Ballaststoffe.

Zutaten für 4 Personen
70 g Linsen · 2 geschälte Knoblauchzehen
¾ l Hühnerbrühe · Salz · Pfeffer aus der Mühle
100 g Karotten · 50 g Kohlrabi
50 g Petersilienwurzeln · 1 Zwiebel (ca. 60 g)
100 g Lauch (hellgrün) · 30 g Butter
1 Stengel Majoran

Zubereitung

Die Linsen mit den Knoblauchzehen, der Hühnerbrühe und etwas Salz in ein großes mikrowellengeeignetes Geschirr geben. Offen bei 600 Watt 8–10 Minuten quellen lassen. Etwa ein Drittel der Linsen herausfischen und auf einem Teller als Einlage beiseite stellen.

Die Karotten, den Kohlrabi und die Petersilienwurzel putzen, waschen und fein würfeln. Die geschälte Zwiebel und den geputzten Lauch in Ringe schneiden. Das ganze Gemüse zu den Linsen in die Hühnerbrühe geben und offen bei 600 Watt 10–15 Minuten garen. Anschließend das Gemüse in der Küchenmaschine oder mit dem Pürierstab pürieren und die Butter dazugeben. Alles durch ein Sieb in eine Servierschüssel passieren. Jetzt den Majoran fein hacken und mit den beiseite gestellten Linsen zur Suppe geben, mit Salz und Pfeffer abschmecken. Damit sie auch wirklich heiß auf den Tisch kommt, noch einmal offen bei 600 Watt 2—3 Minuten erwärmen.

Servier-Vorschlag

Die Suppe in einen tiefen Teller geben und mit Brot-Croûtons, kleingewürfelten Kartoffeln, Karotten und Rosenkohl garnieren.

	MICROWELLE	MICROWELLE mit Heißluft	MICROWELLE Herd
Einschubhöhe	1	1	1
Temperatur	siehe ›Zubereitung‹		
Mikrowelle	siehe ›Zubereitung‹		
Zeit	siehe ›Zubereitung‹		

Soufflierter Fisch

Wer dieses Fischgericht einmal ausprobiert hat, der wird es immer wieder kredenzen. Schon allein deshalb lohnt es sich, den Fischfond »auf Vorrat« selbst zuzubereiten. Portionsweise in Eiskugelbeuteln eingefroren, ist diese Brühe (franz.: fumet) die beste Würze für alle Fischsaucen und -gerichte. Man kocht sie aus Gräten und Köpfen, den sogenannten Karkassen (ohne Augen und Kiemen, die den Fond trüben), von Seezunge oder Steinbutt.

Zutaten für 2 Personen

120 g Hecht- oder Steinbuttfilet

200 g Steinbuttfilet (2 Scheiben à 100 g)

2 EL Zitronensaft · Salz · Pfeffer aus der Mühle

120 g Crème double · 1 Ei · frischgemahlener Muskat

*je 1 EL sehr feingewürfelte rote und gelbe Paprika,
Karotten Lauch und Sellerie*

1 EL Schlagsahne · 100 ml Fischfond

60 g Butter · 4 Basilikumblätter

FÜR DEN FISCHFOND:

50 g Sellerie · 50 g Lauch · 50 g Zwiebeln

50 g Champignons · 1 kg Karkassen · Thymian

1 Lorbeerblatt · 1 Petersilienstengel

10 g Butter · Salz · Pfeffer aus der Mühle

Zubereitung

Für den Fischfond das Gemüse und die Champignons in der Butter andünsten. Diese Zutaten und 1 kg Karkassen in 1 l Wasser geben, Thymian, Lorbeerblatt und den Petersilienstengel dazugeben, mit Salz und Pfeffer würzen. Langsam zum Kochen bringen und ohne Deckel sieden lassen. Nach 20 Minuten durch ein Tuch abseihen.

Das Hechtfilet in Würfel schneiden und ca. 30 Minuten lang anfrieren lassen.

Inzwischen die Steinbuttfilets säubern, mit 1 EL Zitronensaft säuern und salzen.

Das angefrorene Hechtfilet mit Salz pürieren. Den restlichen Zitronensaft, Crème double und das Ei zugeben und auch pürieren. Die Masse mit Pfeffer und Muskat abschmecken.

Das Gerät auf höchster Grillstufe (ohne Mikrowellen-Einschaltung) vorheizen. Die Paprika, Karotten-, Lauch- und Selleriewürfel mit der Sahne unter die Hechtfilet-Farce ziehen.

Nun die Steinbuttfilets mit der Farce bestreichen und in eine flache mikrowellengeeignete Schüssel legen. Den Fischfond und 30 g Butter dazugeben und — wie unten beschrieben — garen.

Für die Sauce die Basilikumblätter waschen und in Streifen schneiden.

Servier-Vorschlag

Die Filets auf vorgewärmten Tellern anrichten. Die Basilikumstreifen und die restliche Butter zum Fond geben und aufmixen. Mit Salz, Pfeffer und Zitronensaft abschmecken und mit dem Fisch servieren. Eventuell eine Scheibe gedünsteten Fenchel dazulegen.

	MICROWELLE	MICROWELLE mit Heißluft	MICROWELLE Herd
Einschubhöhe	1	1	2
Temperatur	Grill-Stufe 3	Grill-Stufe 3	Grill-Stufe 3
Mikrowelle	360 W	360 W	360 W
Zeit	$4\frac{1}{2}$—$5\frac{1}{2}$ Min.	$4\frac{1}{2}$—$5\frac{1}{2}$ Min.	$4\frac{1}{2}$—$5\frac{1}{2}$ Min.

Wachtelgalantine
mit Gänseleber und Wintersalat

Galantinen sind gerollte Pasteten, die kalt serviert werden, ganz im Gegensatz zu ihren »Kollegen«, den Ballotinen — auch sie bestehen aus einer Farce im Fleischmantel —, die heiß auf den Teller kommen.

Eine Galantine gepaart mit Wachtelfleisch ist eine edle und zarte Köstlichkeit, gehört doch die Wachtel zu den delikatesten aller Federwildarten. Da die Wachtel in Deutschland nicht mehr gejagt werden darf, kommen fast nur noch gezüchtete Vögel (90 bis 100 g) in den Handel, die besten natürlich aus der französischen Bresse, dem für seine vorzüglichen Geflügelprodukte bekannten Landstrich nördlich von Lyon.

Zutaten für 6 Personen

FÜR DIE GALANTINE:

4 Wachteln · Pökelsalz · weißer Pfeffer aus der Mühle

Lorbeer · Rosmarin · Wacholder

2 cl roter Portwein · 300 g Gänseleberpastete

1 mittelgroße schwarze Trüffel

Küchengarn · Mikrowellenfolie

FÜR DEN SALAT:

je einige Blätter von Chicorée, Radicchio,
Frisée und Feldsalat

20 g Steinpilze · 6 Walnußhälften

6 kernlose Trauben · etwas Butter

FÜR DIE MARINADE:

1½ TL Sherry-Essig · 1 TL Balsamico-Essig

3 EL Olivenöl · 3 EL Walnußöl

Salz · Pfeffer aus der Mühle

Rezepte für Gelee und Gänseleberpastete siehe Seite 125 und 129.

Zubereitung

Für die Galantine: Die Wachteln hohl auslösen, d. h. vom Rücken her aufschneiden, das Fleisch von den Knochen befreien und mit Pökelsalz, frischgemahlenem weißen Pfeffer, Kräutern, Gewürzen und Portwein über Nacht marinieren.

Am nächsten Tag das Fleisch säubern und auf einer mikrowellengeeigneten Folie die 4 Wachteln zu einem Rechteck angeordnet ausbreiten und mit Salz und Pfeffer würzen. Die Gänseleberpastete und die Trüffel in Würfel schneiden und auf dem Fleisch verteilen. Nun alles fest zu einer Wurst zusammenrollen und die Enden der Folie mit Küchengarn abbinden.

Die Galantine in mikrowellengeeignetem Geschirr in ein kochendes Wasserbad einlegen und wie in der Tabelle angegeben garen. Nach dem Garen die Galantine über Nacht auskühlen und durchziehen lassen.

Zubereitung des Salates: Die Salatblätter putzen, waschen und trockentupfen. Die Steinpilze putzen, in Streifen schneiden und in etwas Butter anrösten. Die Walnußhälften in kochendem Wasser kurz blanchieren und abhäuten. Die Trauben schälen und halbieren.

Aus den angegebenen Zutaten eine Salatmarinade herstellen und abschmecken. Die Salatblätter und die Pilze darin wenden und auf einem Teller anrichten.

Servier-Vorschlag

Die Wachtelgalantine aufschneiden und mit den Trauben und den Walnüssen zu dem Salat legen. Das Gelee hacken und um die Galantinescheiben dekorieren.

	MICROWELLE	MICROWELLE mit Heißluft	MICROWELLE Herd
Einschubhöhe	1	1	1
Temperatur	150°C Ober-/Unterhitze	130°C Heißluft	130°C Heißluft
Mikrowelle	90 W	90 W	90 W
Zeit	20—30 Min.	20—30 Min.	20—30 Min.

Rote-Bete-Suppe

Die rote Knolle ist eine echte Mineralstoffbombe. Mit ihrem Anteil an Kalzium, Natrium und Phosphor kann sich kaum ein anderes Wurzelgemüse messen — und in der Mikrowelle bleiben diese wichtigen Energieträger fast alle erhalten.

Rote Bete schmecken am besten, solange sie klein und jung sind, d.h. beim Einkauf sollten sie frisch und fest sein.

Zutaten für 4 Personen

1 Schalotte · 1 TL Butter · 250 g rote Bete

½ l Rinderbrühe · 100 g Kalbsbries

100 g Crème double · Salz · weißer Pfeffer aus der Mühle

Muskatnuß (frisch gerieben) · 1 EL Butter

1 EL geschlagene Sahne · Schnittlauch

Zubereitung

Die Schalotte schälen, fein hacken und mit dem Teelöffel Butter in ein hohes, mikrowellengeeignetes Geschirr geben. Offen bei 600 Watt 1½—3 Minuten dünsten.

Die rote Bete schälen, achteln, in dünne Scheiben schneiden und zu den gedünsteten Schalotten geben. Mit 150 ml der Rinderbrühe zugedeckt wie in der Tabelle angegeben garen.

Das Bries kurz wässern und die Häutchen und Gefäße entfernen, dann das Bries in kleine Röschen zupfen und beiseite stellen. Die weichen Rote-Bete-Scheibchen und die restliche Rinderbrühe sowie die Crème double dazugeben und mit dem Pürierstab fein mixen.

Die Suppe mit Salz, Pfeffer und Muskatnuß würzen, nochmals bei 600 Watt 3—5 Minuten erhitzen und mit dem Pürierstab aufschlagen. Das Bries zusammen mit 1 EL Butter in der Pfanne goldbraun braten.

Servier-Vorschlag

Zum Schluß die geschlagene Sahne unterheben und in die Suppentassen füllen. Mit dem Bries und dem Schnittlauch garnieren.

	MICROWELLE	MICROWELLE mit Heißluft	MICROWELLE Herd
Einschubhöhe	1	1	1
Temperatur	—	—	—
Mikrowelle	600 W	600 W	600 W
Zeit	14—16 Min.	14—16 Min.	14—16 Min.

Maronicremesuppe mit Sellerie

Maroni und Geflügel — diese beiden gehören einfach zusammen, wie das Salz in die Suppe. Daß man die kleinen Braunen nicht immer nur in der Festtagsgans verstecken sollte, wird man spätestens bei der Zubereitung dieser köstlichen Suppenkreation feststellen.

Heutzutage muß man die nahrhaften Früchte der Eßkastanien nicht mehr unbedingt selbst sammeln — sie werden im Gemüsehandel angeboten, wo sie zur Erntezeit im Herbst besonders frisch sind.

Zutaten für 4 Personen

16 Maroni · ½ l kräftige Geflügelbrühe

125 g Sahne · 80 g Knollensellerie · etwas Butter

2 EL geschlagene Sahne · Salz · weißer Pfeffer aus der Mühle

2 cl weißer Portwein · Pergamentpapier

Zubereitung

Die Maroni kreuzweise einschneiden und in einem mikrowellengeeignetem Geschirr bei 600 Watt 6 Minuten »aufspringen« lassen. Die noch warmen Maroni schälen und in der Hälfte der Brühe wie in der Tabelle angegeben garen. 4 Maroni für die Garnitur herausnehmen und beiseite legen. Die übrigen Maroni in der Brühe fein pürieren (Küchenmaschine oder Pürierstab) und durch ein Sieb streichen. Mit der übrigen Geflügelbrühe sowie der Sahne bei 600 Watt in ca. 3—5 Minuten zum Kochen bringen.

In der Zwischenzeit den Knollensellerie schälen, hauchdünn aufschneiden und kleine Plätzchen ausstechen. Das Gemüse mit 1 EL Wasser in ein mikrowellengeeignetes Geschirr mit Deckel geben, mit nassem Pergamentpapier abdecken und zugedeckt bei 600 Watt 1—2 Minuten blanchieren. Anschließend in Butter auf dem Herd in einer Pfanne anrösten.

Zum Schluß die Maronisuppe mit dem Pürierstab luftig aufschlagen, mit der geschlagenen Sahne verfeinern und mit Salz,
Pfeffer und Portwein abschmecken.

Servier-Vorschlag

Die Suppe in Teller oder Tassen füllen und mit den Sellerieplätz-
chen und den restlichen Maronihälften garnieren.

	MICROWELLE	MICROWELLE mit Heißluft	MICROWELLE Herd
Einschubhöhe	1	1	1
Temperatur	—	—	—
Mikrowelle	600 W	600 W	600 W
Zeit	10—12 Min.	10—12 Min.	10—12 Min.

Zwischengerichte

Rotzunge mit Tomatenfüllung

Weil sie nicht so häufig und leicht ins Netz geht, wie die Seezunge, war die Rotzunge schon fast in Vergessenheit geraten. Heute ist sie wieder »in«. Denn ihr Fleisch ist saftiger und zarter als das ihrer »Konkurrentin«, wenn auch nicht ganz so ausgeprägt im Geschmack.

Ansonsten sind sich die beiden Plattfische zum Verwechseln ähnlich. Einziges Unterscheidungsmerkmal: die Rotzunge hat doppelt so starke Flossen. Am besten schmeckt sie von Januar bis April.

Zutaten für 2 Personen
1 Rotzunge à 400 g · Saft von ½ Zitrone
Salz · Pfeffer · 4 kleine Tomaten · 1 Schalotte
½ Zitrone · 150 ml Fischfond · 10 g Butter

Zubereitung

Die Rotzunge vom Fischhändler vorbereiten und filieren lassen. Die 2 Filets mit dem ausgepreßten Zitronensaft beträufeln, mit Salz und Pfeffer würzen.

Die Tomaten kreuzweise einschneiden und in kochendem Wasser blanchieren. Tomaten häuten und in sehr feine Würfel schneiden (brunoise). Die Schalotte ebenfalls in brunoise schneiden und zusammen mit den Tomaten in einer Pfanne anschwitzen.

Den Saft der halben Zitrone, den Fischfond und die Butter in eine flache Auflaufform geben. Ein Filet hineinlegen, die Tomatenmasse darauf verteilen und mit dem anderen Filet zudecken. Den Fisch im geschlossenen Gefäß bei 360 Watt 4—5 Minuten garen.

Servier-Vorschlag

Die gefüllten Filets der Länge nach durchschneiden. Mit in weißem Fischfond geschwenkten Wirsingblättern anrichten.

	MICROWELLE	MICROWELLE mit Heißluft	MICROWELLE Einbauherd
Einschubhöhe	1	1	2
Temperatur	—	—	—
Mikrowelle	360 W	360 W	360 W
Zeit	4—5 Min.	4—5 Min.	4—5 Min.

Lachs und Steinbutt im Mangoldblatt

Mangold gehört — ebenso wie Spinat — zu den Gänsefußgewächsen. Nicht rein zufällig, wenn man seine breiten Blätter mit Gänse-Schwimmfüßen vergleicht ...

Das Gemüse — noch vor kurzem fast in Vergessenheit geraten — ist wieder stark im Kommen. Vielleicht, weil es sehr kalorienarm, aber reich an Eiweiß, Mineralstoffen und Vitamin A ist. Vielleicht auch nur, weil es mit »Stiel und Stumpf« schmeckt und sich als feiner Mantel für Feines bewährt hat. Und sicher auch, weil man es fast das ganze Jahr über kaufen kann. Als Blattmangold mit großen Blättern und dünnen Stengeln. Oder als Stiel- bzw. Rippenmangold mit besonders fleischigen Stengeln, die im Rheinland gern wie Spargel oder Schwarzwurzeln zubereitet werden.

Einkaufstip: Die Blätter sollten dunkelgrün und sehr »bucklig«, die Stiele knackig weiß sein. Bei Druck auf die Schnittstelle muß ein wenig Saft heraustreten.

Zutaten für 2 Personen
150 g Lachsfilet · 2 große Mangoldblätter
150 g Sahne · Salz · Cayennepfeffer · 1 EL Zitronensaft
2 dünne Lachsfilets (à 25 g)
4 kleine Steinbuttfilets (à 50 g) · 30 g Butter
125 ml Fischfond (aus dem Glas oder siehe Rezept für soufflierten Fisch)
50 ml Crème double

Zubereitung

Das 150 g schwere Lachsfilet in Würfel schneiden und ca. 30 Minuten lang anfrieren lassen.

In der Zwischenzeit die Mangoldblätter waschen und wenn nötig vom dicken Stiel befreien. Die unbeschädigten Blätter mit 1 EL

Wasser in mikrowellengeeignetem Geschirr bei 600 Watt 1—2 Minuten abgedeckt blanchieren. Anschließend eiskalt abschrecken und trockentupfen.

Das angefrorene Lachsfilet mit Salz pürieren. Die Sahne langsam dazulaufen lassen und mit Salz, Cayennepfeffer und Zitronensaft abschmecken.

Mit dieser Farce die beiden Lachsfiletscheiben beidseitig dünn bestreichen und in je 2 Steinbuttfilets einhüllen. Die Röllchen mit der restlichen Lachsfarce umstreichen und jedes in ein Mangoldblatt einschlagen.

Zusammen mit Butter, Fischfond und Crème double in der Schüssel mit Deckel — wie unten angegeben — garen.

Die Sauce mit Kerbel und Karottenstreifen verzieren und servieren.

	MICROWELLE	MICROWELLE mit Heißluft	MICROWELLE Herd
Einschubhöhe	1	1	1
Temperatur	—	—	—
Mikrowelle	600 W	600 W	600 W
Zeit	4½—5½ Min.	4½—5½ Min.	4½—5½ Min.

Gespicktes Bries
auf grünem Spargel

Dieses kleine, aber äußerst feine Zwischengericht schmeckt am besten im Winter. Einfach, weil Trüffel — diese aromatischen Luxus-Pilze — rund um die Weihnachtszeit auch bei uns in Spezialgeschäften angeboten werden. Feinschmecker schwören auf die »Schwarzen« aus dem Périgord, aber auch Trüffel aus der Provence und aus Italien lassen sich essen.

Da Trüffel in Laubwäldern unter der Erde wachsen, wo sie von Schweinen mit besonders gutem »Riecher« erschnüffelt werden, müssen sie sorgfältig gereinigt werden. Man legt sie in lauwarmes Wasser, damit sich die Erde auflöst, bürstet sie einzeln unter fließendem Wasser und löst dann mit der Messerspitze eventuell noch in der Vertiefung versteckte Erdreste vorsichtig heraus. Nach nochmaligem Abspülen werden die Trüffel getrocknet und — geschält oder auch ungeschält — in Form geschnitten.

Bei Trüffeln aus dem Glas sollte man den Sud aus Portwein oder Madeira und Cognac stets mit zur Speise geben.

Zutaten für 2 Personen
2 Stück Kalbsbries, enthäutet (à 60 g)
6 grüne Spargelspitzen · 6 Trompeten-Pilze
20 g Butter · 6 dünne Karottenstreifen
6 dünne, schwarze Trüffelstreifen · 6 dünne Selleriestreifen
Salz · Pfeffer aus der Mühle · Schnittlauch
10 g Butter · 1 Schalotte · 100 ml Portwein oder Madeira
250 ml Kalbsfond

Zubereitung

Für die Sauce die Schalotte fein würfeln und in 10 g Butter anschwitzen, mit dem Portwein oder Madeira auf ein Drittel redu-

zieren und mit 250 ml Kalbsfond auffüllen, nochmals auf die
Hälfte reduzieren.

Und nun die Sauce mit 20 g Butter und den Spargelspitzen in
eine mikrowellengeeignete Schüssel geben. Offen bei 600 Watt
2—3 Minuten garen.

Das Bries mit den Karotten-, den Sellerie- und den Trüffelschei-
ben mit Hilfe einer Spicknadel spicken und salzen. Zu den Spargelspitzen legen und — wie in der Tabelle angegeben — garen.
Die Trompeten-Pilze kurz in Butter anschwenken und mit Salz
und Pfeffer abschmecken.

Servier-Vorschlag

Das Bries mit den Spargelspitzen, den Trompeten-Pilzen und
dem Schnittlauch auf vorgewärmten Tellern anrichten.

	MICROWELLE	MICROWELLE mit Heißluft	MICROWELLE Herd
Einschubhöhe	1	1	1
Temperatur	—	—	—
Mikrowelle	600 W	600 W	600 W
Zeit	4—5½ Min.	4—5½ Min.	4—5½ Min.

Zucchiniblüten mit Jakobsmuscheln auf Weißweinsauce

Zucchini, die kleinen grün-weiß gesprenkelten, mineralstoff- und vitaminreichen Kürbisgewächse, sind aus deutschen Gemüseläden kaum noch wegzudenken — und so allmählich hat sich auch herumgesprochen, daß ihre Blüten nicht zu verachten sind — vor allem dann, wenn man so etwas Feines mit Jakobsmuscheln füllt.

Zucchiniblüten (übrigens nur die männlichen, ohne Fruchtansatz sind eßbar) werden geerntet, bevor die Kraft in die Früchte geht. Gute Feinkostgeschäfte importieren sie — wie könnte es anders sein — meist aus Frankreich.

Zutaten für 2 Personen

FÜR DIE GEFÜLLTEN BLÜTEN:

6 Zucchiniblüten · 70 g eiskaltes Fischfilet

Salz · 60 g Sahne · 1 Ei · Pfeffer aus der Mühle

Muskatnuß (frisch gerieben)

2 mittelgroße Tomaten · 1 EL geschlagene Sahne

6 Jakobsmuscheln · 6 kleine Spinatblätter

etwas Butter für die Form

FÜR DIE SAUCE:

10 g Schalotten · 25 g Tomaten · 15 g Champignons

einige Petersilienzweige oder Estragonstengel

10 g Butter · ¼ l Fischfond · 100 ml trockener Weißwein

25 ml Noilly Prat (französischer Vermouth)

250 g Sahne · Zitronensaft · Salz

Pfeffer aus der Mühle

Zubereitung

Die Zucchiniblüten waschen und den Blütenstempel entfernen. Das eiskalte Fischfilet gut salzen und pürieren (Küchenmaschine

oder Pürierstab). Langsam die Sahne und das Ei zugeben und so eine zarte Fischfarce herstellen, mit Pfeffer und Muskat würzen.

Die Tomaten häuten, entkernen und das Fleisch in ganz kleine Würfel schneiden oder kleine Kugeln ausstechen. Die Hälfte mit der geschlagenen Sahne unter die Fischfarce heben, die andere Hälfte zum Garnieren beiseite stellen. Die Jakobsmuscheln öffnen, den Muskel herausschälen und diesen mit Salz und Pfeffer würzen. Die Spinatblätter putzen und mit 1 EL Wasser in ein mikrowellengeeignetes Geschirr mit Deckel geben und zugedeckt bei 600 Watt ½ Minute blanchieren.

Je eine Jakobsmuschel in ein Spinatblatt einschlagen. Etwas Farce mittels eines Spritzbeutels mit großer Lochtülle in die Zucchiniblüten füllen. Eine Jakobsmuschel einlegen und wiederum mit Farce abschließen. Die Blütenblätter umschlagen. Den Zucchinistrunk fächerförmig einschneiden und in ein gebuttertes mikrowellengeeignetes Geschirr einordnen. Die Blüten der Zucchini zur Mitte hin anordnen und wie in der Tabelle angegeben garen.

Für die Sauce die Schalotten schälen, fein hacken und mit der Tomate, den Champignons und den Kräutern in der Butter auf dem Herd in einer Pfanne andünsten. Mit dem Fischfond, dem Weißwein und dem Noilly Prat ablöschen und zur Hälfte einkochen lassen. Die Sahne dazugeben und wiederum einkochen. Abpassieren, mit einem Pürierstab luftig aufschlagen und mit Zitronensaft, Salz und Pfeffer abschmecken.

Servier-Vorschlag

Je 3 Blüten auf einem Teller anrichten, mit den restlichen Tomatenwürfeln oder -kugeln garnieren und die Sauce angießen.

	MICROWELLE	MICROWELLE mit Heißluft	MICROWELLE Herd
Einschubhöhe	1	1	1
Temperatur	—	—	—
Mikrowelle	180 W	180 W	180 W
Zeit	6—8 Min.	6—8 Min.	6—8 Min.

Waller im Wurzelsud

Waller bevorzugen das Süßwasser wie der in Süddeutschland bekannte »Donauwaller«, der allerdings nur noch selten anbeißt. Ihr Fleisch, das in Konsistenz und Geschmack dem des Seeteufels (Lotte) ähnelt, ist äußerst delikat und fast ohne Gräten.

Den Waller, der im übrigen auch auf den Namen Wels hört, kann man ohne Bedenken herzhaft würzen, denn er hat einen intensiven Eigengeschmack.

Zutaten für 4 Personen

8 Wallerfilets mit Haut (â ca. 50 g) · Zitronensaft

Salz · Pfeffer aus der Mühle · 80 g Karotten · 80 g Sellerie

80 g Lauch · 2 Schalotten · 1 EL Butter

¼ l kräftiger Fischfond · 2 EL gehackter Dill

1 EL kalte Butterflocken · 4 Dillspitzen

1 EL geriebener Meerrettich

Zubereitung

Die Wallerfilets säubern, mit Zitronensaft säuern, salzen und pfeffern. Das Wurzelgemüse putzen, die Schalotten schälen und alles in feine Streifen (Julienne) schneiden. Zusammen mit der Butter in mikrowellengeeignetem Geschirr bei 600 Watt unter mehrmaligem Wenden etwa 6—8 Minuten dünsten. Den Fischfond dazugeben und wiederum bei 600 Watt ca. 3—5 Minuten köcheln. Den Waller einlegen und wie in der Tabelle angegeben pochieren, herausnehmen und warm stellen. Den Sud auf dem Herd mit den kalten Butterflocken binden, den Dill zugeben und abschmecken.

Servier-Vorschlag

Das Gemüse auf einem Teller ausbreiten, den Waller darauf anrichten, mit Meerrettich und Dillspitzen garnieren und den Sud angießen.

	MICROWELLE	MICROWELLE mit Heißluft	MICROWELLE Herd
Einschubhöhe	1	1	1
Temperatur	—	—	—
Mikrowelle	600 W	600 W	600 W
Zeit	3—5 Min.	3—5 Min.	3—5 Min.

Überbackene Langostinos
auf Gemüse-Fenchel-Butter

Langostino, Langoustine, Languste ... dahinter verbergen sich lauter verschiedene Krebstiere, die leicht zu verwechseln sind, aber eines ist ihnen gemeinsam: ein Hauch von Luxus.

Langostinos sind Furchenkrebse mit kleinen Scheren. Ihr bestes Fleisch liegt im Langostinoschwanz, weshalb meist nur ihr »Hinterteil« verkauft wird — vielfach unter der falschen Bezeichnung »Scampi«.

Wird der Langostino wie hier in der Schale gegrillt, gibt diese noch zusätzlich Aroma an das zarte Fleisch ab — und der Genuß kann beginnen.

Zutaten für 2 Personen

2 Langostinos · Zitronensaft · Salz

Pfeffer aus der Mühle · 30 g Karotten · 30 g Bleichsellerie

60 g Fenchel · 1 Schalotte · 1 EL Butter

¼ l kräftiger Fischfond · 2 EL kalte Butterflocken

1 EL geschnittene Estragonblätter · 2 Estragonzweige

FÜR DIE SABAYON:

2 Eigelb · 80 ml trockener Weißwein

40 g kalte Butterflocken · 2 EL geschlagene Sahne

Salz · Cayennepfeffer · Zitronensaft

Zubereitung

Die Langostinos waschen und vom Rücken her mit einem scharfen Messer längs halbieren. Den Magen säubern und den Darm entfernen. Mit Zitronensaft, Salz und Pfeffer würzen und in einem mikrowellengeeigneten, hitzebeständigen Geschirr mit der Schnittfläche nach oben anordnen. Wie in der Tabelle angegeben garen. Herausnehmen und das Gerät auf Grillstufe 3 vorheizen.

In der Zwischenzeit das Gemüse putzen, waschen und in ganz kleine Würfel schneiden. Die Schalotte schälen und fein hacken.

Nun auf dem Herd in einer Kasserolle die Schalotte sowie die feingeschnittenen Gemüse in 1 EL Butter andünsten. Den Fischfond dazugeben und zur Hälfte einkochen lassen. Mit den Butterflocken binden, abschmecken und mit den geschnittenen Estragonblättern verfeinern.

Zubereitung des Sabayon: Von den Eigelben und dem Weißwein in einem Topf über einem kochenden Wasserbad ein Sabayon aufschlagen, von der Kochstelle nehmen und die kalten Butterflocken unterschlagen. Die geschlagene Sahne unterheben und mit Salz, Cayennepfeffer und Zitronensaft abschmecken. Je 1 EL Sabayon auf die Langostinos verteilen und unter dem vorgeheizten Grill ohne Mikrowellenleistung 1–2 Minuten goldbraun überbacken.

Servier-Vorschlag

Die Gemüsebutter auf 2 Teller verteilen, jeweils 2 Langostinohälften darauf anrichten und mit Estragonzweigen garnieren.

	MICROWELLE	MICROWELLE mit Heißluft	MICROWELLE Herd
Einschubhöhe	3	3	3
Temperatur	—	—	—
Mikrowelle	90 W	90 W	90 W
Zeit	3–5 Min.	3–5 Min.	3–5 Min.

Hauptspeisen

Bayerische Ente

Lange Zeit konnte deutsches Geflügel dem französischen nicht die Stange halten. Die Massentierhaltung brachte den Züchtern zwar Geld, dem Feinschmecker aber keinen Genuß. Heute sind viele Bauern, gerade im süddeutschen Raum, wieder zur Freiluft-Aufzucht mit Körnerfutter zurückgekehrt. Durch dieses gute Leben hat eine 7—8 Wochen junge, bayerische Ente (höchstens 2 kg schwer) schon Fett angesetzt (wichtig für den guten Geschmack).

Zutaten für 4 Personen
1 junge bayerische Ente (ca. 1,8 kg) · Salz · Pfeffer
FÜR DIE FÜLLUNG:
1½ Äpfel · 3 kleine Zwiebeln · 1 Zweig Majoran
1 Zweig Thymian · Küchengarn · ¼ l Wasser
etwas Mehl · ¼ l Kalbsfond
FÜR DIE SAUCE:
1 Möhre · 1 kleine Stange Lauch · 1 kleine Zwiebel
¼ Sellerieknolle

Zubereitung

Die vorbereitete Ente auswaschen, sehr gut trockentupfen. Hals und Flügel für die Zubereitung der Sauce abschneiden. Ente innen und außen salzen und pfeffern.

Für die Füllung die geschälten, zerkleinerten Äpfel und Zwiebeln mit den abgezupften Kräutern mischen.

Die Ente damit füllen und mit Küchengarn zusammenbinden. Anschließend in der Pfanne mit oder ohne Rost bzw. in einem hohen, offenen, hitzebeständigen Geschirr, wie unten angegeben, 30 Minuten braten.

Danach das Fett abschöpfen. Das Wurzelgemüse in gleich große Stücke schneiden. Gemüse, Entenhals und -flügel sowie ⅛ l Wasser mit zur Ente ins Geschirr geben und alles nochmals 20—30 Minuten fertig braten. Dann die Ente warm stellen und ruhen lassen.

Für die Sauce nochmals Fett abschöpfen. Den Fond mit Mehl bestäuben und durch ein Haarsieb gießen. Bratensaft mit ¼ l Kalbsfond auffüllen und bei 600 Watt 2—3 Minuten aufkochen.

Servier-Vorschlag

Die Ente mit frischem Gemüse z.B. Karotten, Lauchzwiebeln und kleinen Kartoffeln servieren.

	MICROWELLE	MICROWELLE mit Heißluft	MICROWELLE Einbauherd
Einschubhöhe	—	Rost 0 ⌐⌐	2
Temperatur	—	190°C Umluft-Grill	190°C Umluft-Grill
Mikrowelle	—	180 W / 90 W	180 W / 90 W
Zeit	—	30 / 20—30 Min.	30 / 20—30 Min.

Lammrücken in Kräuterkruste

Ganze 900 g Lamm verzehren die Bundesdeutschen pro Kopf und Jahr. Das ist, im Vergleich zu anderen Fleischsorten, wenig. Vor allem, wenn man bedenkt, daß das Lamm eins der wenigen Schlachttiere ist, die ohne künstliche Futtermittel und Hormone auf der grünen Wiese aufwachsen.

Die besten bundesdeutschen Jungschafe (höchstens 1 Jahr alt) kommen von der Nordseeküste, meist aus Friesland. Das salzhaltige Gras gibt ihrem Fleisch den begehrten, würzigen Geschmack.

Das Milchlamm — in Deutschland nahezu nicht zu bekommen — ist ein ganz junges Tier (nicht älter als 6 Monate), das, wie der Name schon sagt, ausschließlich von Muttermilch ernährt wurde. Sein Fleisch ist fast weiß und wird von Gourmets als Delikatesse geschätzt.

Zutaten für 4 Personen

1,5 kg Lammrücken mit Knochen. Vom Metzger auslösen und Fett abschneiden lassen (parieren = französisch herrichten). Man erhält 2 Fleischstücke à ca. 300 g

Salz · frischgemahlener Pfeffer · 1 TL Dijon-Senf

1 Bund Petersilie · 10 große Basilikumblätter

5 Salbeiblätter · die Blättchen von 1 Thymianzweig

2 Nadeln Rosmarin · 1 mittelgroße Schalotte

1 Scheibe Toastbrot ohne Rinde

Zubereitung

Die vorbereiteten Fleischstücke leicht salzen, pfeffern und in ein mikrowellengeeignetes feuerfestes Geschirr legen.

Mit dem Senf bestreichen. Alle Kräuter und die Schalotte sehr fein hacken, am besten in der Küchenmaschine. Die Kräutermischung über den Lammrücken streuen.

Die Scheibe Toastbrot in der Küchenmaschine zerkleinern. Brösel dünn über die Kräuter streuen. Den Lammrücken, wie unten angegeben, grillen und kurze Zeit ruhen lassen. Dazu wird eine aus dem Fleischfond zubereitete Sauce gereicht.

Servier-Vorschlag

Dazu passen gratinierte Kartoffeln, die Sie vor dem Lamm mit der Mikrowelle und Grill zubereiten und während das Fleisch ruht bei 600 Watt 3 Minuten erwärmen. Als weitere Beilage können weiße und grüne Bohnen serviert werden.

Für die gratinierten Kartoffeln 1 kg »Erdäpfel« in Scheiben schneiden. 100 g Käse reiben. Kartoffeln salzen, pfeffern und schichtweise mit 50 g des frisch geriebenen Käses in eine gebutterte Auflaufform geben. Mit 250 ml Sahne übergießen. Darauf den restlichen Käse und 30 g Butterflöckchen verteilen. Bei 600 Watt, Grillstufe 2 oder bei 600 Watt Mikrowelle mit Umluft-Grill 200 °C, 22—25 Minuten gratinieren.

	MICROWELLE	MICROWELLE mit Heißluft	MICROWELLE Einbauherd
Einschubhöhe	Rost 1	Rost 2	Rost 3
Temperatur	Grill-Stufe 3	225 °C Umluft-Grill	225 °C Umluft-Grill
Mikrowelle	180 W	180 W	180 W
Zeit	10—12 Min.	10—12 Min.	10—12 Min.

Gefüllter Kaninchenrücken
im Wirsingmantel

Hier ist Planung das halbe Erfolgsrezept. Denn es ist ganz wichtig, ein junges Kaninchen (1–1,2 kg) einzukaufen. Und das muß man rechtzeitig beim Geflügelhändler vorbestellen. Einfach, weil das Gros der bei uns angebotenen Tiere doppelt so groß, also älter und ihr Fleisch dann nicht mehr so weiß und zart ist.

Auch das Schweinenetz, das Kaninchenrücken und Füllung zusammenhält, muß beim Metzger vorbestellt werden. Denn diese natürliche Hülle (fetthaltiges, netzartiges Bauchfellgewebe) ist nicht alle Tage zu haben, läßt sich aber auch sehr gut einfrieren.

Zutaten für 4 Personen
1 Schweinenetz
1 Rücken von einem ca. 1200 g schweren Kaninchen
1 frischer, mittelgroßer Wirsing
50 g hauchdünne Scheiben geschnittener Parmaschinken
Leber und 2 Nieren des Kaninchens
Pfeffer · 1 Prise Majoran · Salz
FÜR DIE FÜLLUNG:
40 g grüner (frischer) Speck (ersatzweise Schinkenspeck)
100 g Kaninchenfleisch (Hals) oder *auch 100 g Geflügelfleisch (kühlschrankkalt)*
Salz · Pfeffer · geriebene Muskatnuß

Zubereitung

Schweinenetz in lauwarmes Wasser einlegen. Den Kaninchenrücken von der Brustseite aus vorsichtig von den Knochen lösen, dabei die Bauchlappen dranlassen. Es sollte 1 Stück ergeben. Am besten mit einem kleinen Messer arbeiten, um die mehr abgeschaben als geschnittenen Partien sanft mit den Fingern abheben zu können.

4–6 große Wirsingblätter zum Einwickeln sowie einige grüne Außenblätter (ca. 50 g für die Füllung) lösen. Die Blätter mit etwas Wasser bei 600 Watt 3 Minuten blanchieren. Sofort in Eiswasser abschrecken, auf ein Tuch legen und trockentupfen.

Leber und Nieren mit Pfeffer, Majoran und wenig Salz würzen.

Für die Füllung den Speck und das Kaninchen- bzw. Geflügelfleisch mit der Küchenmaschine (aufpassen, daß die Masse nicht warm wird) oder einem Pürierstab zerkleinern. Die 50 g Wirsingblätter fein hacken, mit dem pürierten Fleisch vermischen und mit Salz, Pfeffer, Muskatnuß würzen.

Nun die Innenseite des Kaninchenrückens sowie die Bauchlappen salzen und pfeffern und mit der Außenseite auf die Arbeitsplatte legen. Mit der Hälfte der Füllung bestreichen. Darauf in der Mitte der Länge nach Leber und Nieren anordnen. Die restliche Füllung darüberstreichen.

Schließlich die Bauchlappen von beiden Seiten über das Ganze klappen und zu einer gleichmäßigen Rolle formen. Alles in den Parmaschinken einschlagen. Wirsingblätter auf der Arbeitsfläche ausbreiten und den Kaninchenrücken damit umwickeln. Das Schweinenetz unter fließendem Wasser abspülen und vorsichtig ausdrücken. Mit einer Schere zuschneiden und den Kaninchenrücken in das Schweinenetz einschlagen. Die Enden wie bei einer Wurst abbinden, Überflüssiges abschneiden.

Den Rücken in ein mikrowellengeeignetes, feuerfestes Geschirr legen und, wie unten angegeben, braten. Nach 10 Minuten wenden.

Servier-Vorschlag

Kaninchenrücken aufschneiden (darauf achten, daß jeder etwas von der Leber- und Nierenfülle bekommt). Mit etwas Sauce (diese können Sie aus den Kaninchenparüren herstellen), fächerförmig angerichteten Erbsenschoten und einer Kirschtomate servieren.

	MICROWELLE	MICROWELLE mit Heißluft	MICROWELLE Einbauherd
Einschubhöhe	Rost 0	Rost 1	Rost 3
Temperatur	Grill-Stufe 3	210°C Umluft-Grill	210°C Umluft-Grill
Mikrowelle	600 W / 360 W	600 W / 360 W	600 W / 360 W
Zeit	10 Min./10 Min.	10 Min./10 Min.	10 Min./10 Min.

Poulardenbrust mit Parmaschinken

Echte Poularden — zweifellos das beste Hühnergeflügel auf dem Markt — gibt's in Deutschland verhältnismäßig selten. Sie sind nicht nur geschmacklich, sondern auch gewichtsmäßig »die Größten« (1,8 bis 3 kg, weil sie besonders sorgfältig gepflegt und mit Mais- sowie Getreidekörnern aufgezogen werden. Erkennungszeichen: das helle, fast weiße Fleisch — die feinkörnige Struktur der Haut. Hals und Füße sind dick, das Brustbein knackig und am Ende biegsam. Bei uns darf sich ein junges Masthähnchen bzw. -hühnchen von 1,15 bis 1,5 kg »Poularde« nennen. Am besten kauft man es auf dem Wochenmarkt.

Zutaten für 2 Personen

2 Poulardenbrüste mit Brustbein und Haut

Salz · Pfeffer · 2 Salbeiblätter

4 hauchdünne Scheiben Parmaschinken

150 g frische Pfifferlinge · 4 EL Weißwein · 15 g Butter

15 ml Sahne · 2 Basilikumblättchen

Zubereitung

Die Poulardenbrüste mit Salz und Pfeffer würzen.

Salbeiblättchen sehr fein hacken und auf den Parmaschinken streuen. Je 2 Scheiben Parmaschinken unter die Poulardenbrusthaut schieben und diese vorsichtig mit einem spitzen Messer einstechen.

Die Pfifferlinge waschen und mit Weißwein sowie Butter in eine flache, mikrowellengeeignete, feuerfeste Auflaufschale geben. Darauf die Poulardenbrüste setzen und sie, wie unten angegeben, im offenen Gefäß braten. Die fertigen Poulardenbrüste warm stellen und ruhen lassen.

Für die Sauce 15 ml Sahne zum Bratenfond gießen, die kleingehackten Basilikumblättchen darüberstreuen und bei 600 Watt 2½ Minuten einreduzieren lassen.

Servier-Vorschlag

Die Poulardenbrüste mit den Pfifferlingen à la Crème auf einem Teller anrichten.

	MICROWELLE	MICROWELLE mit Heißluft	MICROWELLE Einbauherd
Einschubhöhe	Rost 2	Rost 3	Rost 3
Temperatur	Grill-Stufe 3	225°C Umluft-Grill	225°C Umluft-Grill
Mikrowelle	360 W	360 W	360 W
Zeit	10—12 Min.	10—12 Min.	10—12 Min.

Lasagne mit Jakobsmuscheln

Fisch aus Frankreich schmecken Jakobsmuscheln zweifellos am besten. Das einzig Unangenehme: die Putzerei! Muscheln unter fließendem Wasser kräftig bürsten und mit der gewölbten Seite nach unten auf den heißen Herd legen, bis sie sich ein wenig öffnen. Mit einem Messer vorsichtig das weißlich-gelbe Fleisch, die sogenannte Nuß (das ist der Muskel, der beide Schalenhälften zusammenhält) und den orangefarbenen Rogen von den übrigen grauen Organen abtrennen. Rogen und Nuß nochmals sorgfältig waschen und auf einem Tuch trocknen. Mit tiefgekühlten Muscheln geht's leichter: nur auftauen — fertig! Dafür sind sie kleiner und man braucht die doppelte Menge.

Zutaten für 4 Personen

150 g Mehl · 2 Eigelb · 1 ganzes Ei · 1 EL Olivenöl

1 Schalotte · 50 g Butter · 50 g Mehl · 200 ml Milch

125 ml Fischfond (aus dem Glas oder siehe Rezept für soufflierten Fisch)

2 cl Noilly Prat (französischer Vermouth) · 2 cl Weißwein

1 TL Zitronensaft · 8 Basilikumblätter · Salz

Pfeffer aus der Mühle · frischgemahlene Muskatnuß

je ¼ roter, gelber und grüner Paprika in Rauten

200 g Jakobsmuscheln · 20 g Butter

Zubereitung

Aus dem Mehl, den Eigelben, dem Ei, dem Olivenöl und etwas Salz einen Nudelteig bereiten. So dünn wie möglich ausrollen (ca. 40×40 cm). In Rauten (ca. 8×11 cm) schneiden, in sprudelndem Salzwasser al dente kochen und abschrecken.

Schalotte sehr fein würfeln und mit der Butter im Topf auf der Herdplatte glasig dünsten. Mehl zufügen und anschwitzen. Nach und nach Milch, Fischfond, den Noilly Prat, Weißwein und Zi-

tronensaft unterrühren. Die Béchamelsauce durchkochen lassen und vom Herd nehmen.

Basilikumblätter waschen, in feine Streifen schneiden und zur Sauce geben. Mit Salz, Pfeffer und Muskat abschmecken.

Die Jakobsmuscheln waagrecht dünn aufschneiden. Nun die Auflaufform buttern und mit der Hälfte der Nudelplatten auslegen. Die Jakobsmuscheln darauf verteilen, mit etwas Béchamelsauce übergießen. Darüber die Paprikarauten verteilen und das Ganze mit den restlichen Nudelplatten belegen. Den Auflauf mit der restlichen Sauce übergießen und — wie unten angegeben — garen.

Servier-Vorschlag

Die Lasagne in Portionen aufteilen und mit etwas Béchamelsauce anrichten.

	MICROWELLE	MICROWELLE mit Heißluft	MICROWELLE Herd
Einschubhöhe	1	2	3
Temperatur	Grillstufe 3	Grillstufe 3	Grillstufe 3
Mikrowelle	600 W	600 W	600 W
Zeit	$4\frac{1}{2}$—$5\frac{1}{2}$ Min.	$4\frac{1}{2}$—$5\frac{1}{2}$ Min.	$4\frac{1}{2}$—$5\frac{1}{2}$ Min.

Kalbsniere im Salzteig

Für Feinschmecker gehören Kalbsnieren zu den Köstlichkeiten einer guten Küche. Man sollte sie, wie alle Innereien, nur schlachtfrisch kaufen und möglichst sofort zubereiten. Zur Not kann man sie jedoch in einer nicht metallischen Schüssel gut zugedeckt an der kältesten Kühlschrankstelle (also über dem Gemüsefach) bis zu 24 Stunden lagern.

Besonders begehrt sind Kalbsnieren in ihrem natürlichen (kroß gebratenen) Fettmantel. Aber so bekommt man sie heute nur noch auf Bestellung. Die »Normal-Nierchen« sind bereits säuberlich »ausgezogen«.

Zutaten für 2 Personen
1 kleine Kalbsniere à 300 g
FÜR DIE NIERE:
100 g Spinat · ¼ TL Butter · Salz
Pfeffer aus der Mühle · Muskat
4 Scheiben hauchdünn geschnittener grüner Speck
FÜR DEN SALZTEIG:
200 g Salz · 100 g Mehl · 50 ml Wasser
1 Eiweiß · 6 Rosmarinnadeln
FÜR DIE SAUCE:
1 Schalotte · 2 EL Butter · 1 dl Beaujolais
1 Prise Thymian · 1 kleines Stück Lorbeerblatt · 1 dl Kalbsfond
Salz · Pfeffer aus der Mühle
FÜR DIE FORM:
¼ EL Öl

Zubereitung

Die Niere gründlich unter kaltem Wasser abspülen, trockentupfen, senkrecht halbieren und mit einem kleinen, scharfen Messer vorsichtig von den zähen Häutchen und Röhrchen an der Innenseite befreien.

Den Spinat putzen und mit 1 EL Wasser in einem mikrowellengeeigneten Geschirr zugedeckt bei 600 Watt 1–2 Minuten blanchieren. Danach mit der Butter, etwas Salz, Pfeffer aus der Mühle und Muskat würzen. Jede Nierenhälfte mit Spinat füllen, leicht zusammendrücken und mit je 2 Scheiben Speck umwickeln.

Das Gerät auf 200–220 °C Umluft-Grill vorheizen (ohne Mikrowelleneinschaltung).

Für den Salzteig das Mehl mit dem Salz mischen, langsam Wasser unterrühren und mit dem Eiweiß zu einem glatten Teig verkneten. Auf ca. 40×40 cm ausrollen, halbieren. In die Mitte jedes Teigstückes eine umwickelte Niere legen und mit dem Teig umschließen.

Den Boden einer mikrowellengeeigneten, hitzebeständigen Form mit Öl bepinseln. Beide Nieren im Salzteig mit der Naht nach unten in die Form legen und — wie unten angegeben — garen.

Für die Rotweinsauce die Schalotte fein hacken, in 1 EL Butter vorsichtig dämpfen und mit dem Beaujolais aufgießen. Thymian und Lorbeerblatt dazugeben und bis auf ein Drittel einkochen lassen. Mit dem Kalbsfond auffüllen und nun bis auf die Hälfte einkochen lassen. Mit Salz, Pfeffer und der übrigen Butter aufschlagen und passieren.

Servier-Vorschlag

Den Salzteig vorsichtig mit dem Messer aufklopfen und die Niere mit der Rotweinsauce anrichten.

Dazu passen z.B. gebratene Schalotten und Austernpilze.

	MICROWELLE	MICROWELLE mit Heißluft	MICROWELLE Herd
Einschubhöhe	—	3	3
Temperatur	—	200–220°C Umluft-Grill	200–220°C Umluft-Grill
Mikrowelle	—	360 W	360 W
Zeit	—	8–10 Min.	8–10 Min.

Milchlammschulter auf Gemüsebett

Wer die Milchlammschulter bei seinem Metzer nicht früh genug bestellt, könnte leicht mit einem bedauernden Schulterzucken abserviert werden. Denn in Deutschland ist es — im Gegensatz zu Frankreich — nicht ganz einfach, ein wirklich junges, von der Muttermilch noch nicht abgesetztes Tier zu bekommen. Und das ist für dieses Gericht nicht nur »feine Geschmackssache«, sondern Grundbedingung. Außerdem sollte das Fleisch 3–7 Tage abgehangen sein, bevor es in den Kochtopf wandert. Und da auch das bei uns durchaus nicht selbstverständlich ist, sollte man diesen Wunsch gleich »mitbestellen«.

Zutaten für 4 Personen

400 g Spitzkohl · 100 g Sellerie · 100 g Lauch

100 g Zwiebeln · 100 g Petersilienwurzeln · 100 g Karotten

400 g kleine Kartoffeln · 1 kg Milchlammschulter · Salz

Pfeffer aus der Mühle · 50 g Butter

Zubereitung

Den Spitzkohl putzen, in ca. 4 cm große Stücke schneiden und in einen mikrowellengeeigneten, hitzebeständigen Bräter mit Glasdeckel geben. Darauf den geschälten, gewaschenen und in Streifen geschnittenen Sellerie schichten. Die nächste Lage bilden der geputzte Lauch und die in Scheiben geschnittenen Zwiebeln. Dann folgen die geschälten, in Scheiben geschnittenen Petersilienwurzeln, Karotten und Kartoffeln. Und schließlich die mit Salz und Pfeffer gewürzte Milchlammschulter, die — mit der Unterseite nach oben — das Gemüse krönt.

Mit geschlossenem Deckel, wie unten beschrieben, braten. Nach 40 Minuten die Lammschulter wenden, mit der Hälfte der Butter bestreichen und den Rest auf dem Gemüse verteilen. Das Ganze nun ohne Deckel noch 15–20 Minuten fertig braten. Den Bra-

ten herausnehmen und mit Alufolie abgedeckt 5 Minuten ruhen lassen.

Servier-Vorschlag

Das Gemüse auf einen angewärmten Teller legen und pro Portion 2 Scheiben Lamm daraufgeben und sofort servieren.

	MICROWELLE	MICROWELLE mit Heißluft	MICROWELLE Herd
Einschubhöhe	Rost 0 ⌐⌐	Rost 1 ⌐⌐	Rost 1 ⌐⌐
Temperatur	225°C Ober-/ Unterhitze	225°C Ober-/ Unterhitze	225°C Ober-/ Unterhitze
Mikrowelle	180 W	180 W	180 W
Zeit	55—60 Min.	55—60 Min.	55—60 Min.

Gefüllte Wirsingblätter

Als Bruder des Weißkohls ist der Wirsing ein echter Krauskopf, nur etwas strenger. Aber beim Kochen zeigt er, daß mehr als »Kohl« in ihm steckt. Denn er ist nach dem Garprozeß, bei dem viele Gemüsesorten oft allen »Gesundheitsgehalt« verlieren, Vitamin-C-reicher als vorher. Der Grund: Wirsing enthält Ascorbigen, eine Vorstufe des Vitamin C. Und aus diesem Ascorbigen wird dann beim Kochen Vitamin C freigesetzt. Außerdem bringt er viel »Eisen« mit, also ganz beachtliche innere Werte!

Weiterer Pluspunkt: Wirsing steht das ganze Jahr über als Beilage oder Hülle für Feines zur Verfügung. Im Frühjahr mit zarten, hellgrünen, im Herbst mit robusten, dunkelgrünen Blättern, die etwas herb schmecken. Deshalb: die ganz dunklen »Außenseiter« entfernen und den Rest vor der Zubereitung blanchieren.

Zutaten für 4 Personen

8 hellgrüne Wirsing- oder Weißkrautblätter

150 g Brioche · 60 g Gänseleber · 80 g Steinpilze · 1 Schalotte

Salz · Pfeffer aus der Mühle · 1 Ei · 1 Eigelb

2 TL Butter · 100 ml Kalbsfond

Zubereitung

Die gewaschenen Wirsingblätter mit 2 EL Wasser in einer mikrowellengeeigneten Schüssel mit Deckel bei 600 Watt 2—3 Minuten blanchieren. Die Blätter in Eiswasser abschrecken, den Strunk herausschneiden und abtropfen lassen.

Die Steinpilze in etwa 1 cm große Würfel schneiden, die Schalotte fein hacken und beides zusammen in der Pfanne andünsten. Die Brioche und die Gänseleber ebenfalls in 1 cm große Würfel schneiden. Alle Zutaten mit dem Ei und dem Eigelb vermengen, mit Salz und Pfeffer abschmecken.

Die unbeschädigten Wirsing- bzw. Weißkrautblätter mit dieser Masse füllen und sie — mit Hilfe eines Geschirrtuches — zu kleinen Bällchen drehen. In eine mit der Butter ausgestrichene Schüssel legen, den Kalbsfond dazugießen und geschlossen — wie unten angegeben — garen.

Servier-Vorschlag

Die gefüllten Wirsingblätter passen hervorragend zu Lammgerichten oder Kaninchen. Man kann sie aber auch alleine als Hauptspeise servieren.

	MICROWELLE	MICROWELLE mit Heißluft	MICROWELLE Herd
Einschubhöhe	1	1	1
Temperatur	—	—	—
Mikrowelle	600 W	600 W	600 W
Zeit	4—5 Min.	4—5 Min.	4—5 Min.

Gemüsestrudel

Weil sich viele Gemüsesorten mächtig in Schale werfen, indem sie schon in ihrer äußeren Hülle jede Menge Vitamine speichern, sollte man sie vorsichtig behandeln. Hier drei goldene Gemüseregeln:

1. Immer vor dem Schälen gründlich waschen und hinterher höchstens noch mal kurz abspülen, aber nie lange im Wasser liegen lassen. Denn dabei gehen viele Nährstoffe »baden«.

2. Zerkleinertes Gemüse vor dem Garen nicht lange und nur zugedeckt stehenlassen. Denn Licht und Sauerstoff sind geheime »Vitamin-Killer«.

3. Die Hüllen, wenn möglich, gar nicht erst fallen lassen. Also beispielsweise knackige Möhren einfach nur unter fließendem Wasser kräftig bürsten. Dann bleiben die »Wurzelzwerge« Vitamin-A-Riesen.

Zutaten für 4 Personen
FÜR DEN STRUDELTEIG:
125 g Mehl · Salz · 1 Ei · 30 g Öl · Öl zum Bepinseln
FÜR DIE FÜLLUNG:
200 g Kartoffeln · 100 g Karotten · 100 g Zucchini
100 g Sellerie · 8 EL Kraftbrühe · 1 TL gehackten Kerbel
2 Scheiben gekochten Schinken
ZUM BEPINSELN:
1 Eigelb · 1 EL Sahne

Zubereitung

Für den Strudelteig das Mehl in eine Schüssel oder auf ein Brett sieben, eine Mulde eindrücken und Salz, das Ei sowie Öl hineingeben. Alles rasch zu einem geschmeidigen Teig verkneten und

so lange abschlagen, bis er sich vollkommen aus der Schüssel bzw. vom Brett löst. Den Teig dünn mit Öl bepinseln. An einem warmen Ort in einer Schüssel unter einem feuchten Tuch (es darf den Teig nicht berühren!) 30 Minuten ruhen lassen.

In der Zwischenzeit die Kartoffeln schälen und sehr fein würfeln. In einem mikrowellengeeigneten Geschirr mit Deckel zusammen mit 2 EL Kraftbrühe zugedeckt bei 600 Watt 2—3 Minuten garen. Die Möhren putzen, ebenfalls sehr fein würfeln und auf dieselbe Art 3—4 Minuten garen. Nun die Zucchini sehr fein würfeln und genauso wie die »Vorgänger« 1—2 Minuten garen. Auch den Sellerie schälen, sehr fein würfeln und zugedeckt bei 600 Watt 2—3 Minuten garen. Je ein Drittel der Kartoffelstückchen mit den einzelnen Gemüsen mischen. Das Gerät auf 200—220°C Umluft-Grill vorheizen (ohne Mikrowelleneinschaltung). Den Schinken in Würfel schneiden.

Den Strudelteig auf einem Geschirrtuch so dünn ausziehen, daß man durch ihn Zeitung lesen könnte, aber ohne jedes »Gucklock«. Zu einem Rechteck von 25×35 cm ausradeln. (Die abgeschnittenen Ränder sind eine prima Suppeneinlage.)

Auf dem Teig in kleinen waagerechten Streifen das Gemüse anordnen. Also zuerst das Möhren-Kartoffel-Gemisch, dann den Sellerie-Kartoffel-Mix, dann die Zucchini-Kartoffel-Mischung und das Ganze ein- bis zweimal wiederholen. Den Kerbel sowie den gewürfelten, gekochten Schinken darüber streuen. Den Strudel von der Schmalseite her vorsichtig aufrollen, die Enden zusammendrücken und vorsichtig, mit der Nahtstelle nach unten, auf ein mit Pergamentpapier ausgelegtes Blech legen. Das Eigelb mit der Sahne verquirlen, den Strudel damit bepinseln und, wie in der Tabelle angegeben, backen.

Servier-Vorschlag

Eine ideale Beilage zu geschmortem Kaninchen, Lammbraten oder auch Spanferkel. Der Gemüsestrudel kann aber auch als Hauptgericht alleine serviert werden.

	MICROWELLE	MICROWELLE mit Heißluft	MICROWELLE Herd
Einschubhöhe	—	3	3
Temperatur	—	200—240°C Umluft-Grill	200—240°C Umluft-Grill
Mikrowelle	—	180 W	180 W
Zeit	—	7—10 Min.	7—10 Min.

Crepinetten vom Fasan
mit Schwarzwurzeln

Es ist nicht immer Wurst, was in der Crepinette steckt. Hier zeigt sie sich exquisit, denn der Fasan ist ein luxuriöses Tierchen — dies gilt besonders für den teureren, aber delikateren Wildfasan.

Die meisten Fasane kommen heute allerdings aus der Zucht und sollten nicht älter als ein Jahr werden. Gockel und Henne trennen sich übrigens nur ungern voneinander — sie werden meist als Pärchen angeboten, wobei man sich vom prächtigen Männchen nicht blenden lassen sollte, denn das Fleisch des Weibchens ist wesentlich saftiger.

Zutaten für 4 Personen

FÜR DIE CREPINETTEN:

50 g Gänseleber · 1 Fasan (ca. 1–1½ kg)

100 g Crème double · Salz · Pfeffer aus der Mühle

Muskatnuß (frisch gerieben) · 250 g Karotten

250 g Sellerie · 50 g Trüffel

4 gewässerte, abgetropfte Schweinenetze (à 25 × 25 cm)

FÜR DIE SCHWARZWURZELN:

Saft von 1 Zitrone · 500 g Schwarzwurzeln · 1 EL Butter

Salz · Pfeffer aus der Mühle · Pergamentpapier

Rezepte für Fasanenjus und Geflügelrahmsauce s. S. 125 und 128.

Zubereitung

Für die Crepinetten die Gänseleber kurz scharf anbraten und auskühlen lassen. Das Fasanenfleisch von Haut und Knochen befreien. Die Brüste ca. 1 cm dick aufschneiden, so daß man 8 etwa gleich große Stücke erhält.

Das übrige Fleisch der Fasanenkeulen (ohne Knochen, Sehnen und Haut) und die angebratene Gänseleber salzen und pürieren

(Küchenmaschine). Die Crème double daruntergeben, mit Pfeffer und Muskatnuß abschmecken. Die Farce durch ein feines Sieb streichen und kalt stellen.

Das Gemüse putzen und mit der Trüffel in Stifte schneiden.

Die Schweinenetze ausbreiten, darauf die erste Schicht Fasanenfleisch geben, mit etwas Farce dünn bestreichen und mit Gemüse- und Trüffelstiften belegen. Wieder mit Farce bestreichen, die zweite Lage Fasanenfleisch darauflegen, mit Farce bestreichen und mit den restlichen Gemüse- und Trüffelstiften abschließen. Die Schweinenetze schließen. Wie in der Tabelle angegeben in einem hitzebeständigen, mikrowellengeeigneten Geschirr offen garen. Erst auf der einen Seite 4—6 Minuten und dann auf der anderen Seite 2—4 Minuten.

Zubereitung der Schwarzwurzeln: Den Zitronensaft mit $\frac{1}{4}$ l Wasser mischen. Die Schwarzwurzeln schälen, waschen und in das Zitronenwasser legen, dann in Stifte schneiden. Anschließend mit 1 EL Wasser in ein mikrowellengeeignetes Geschirr mit Deckel geben, mit nassem Pergamentpapier abdecken und zugedeckt bei 600 Watt 3—5 Minuten blanchieren. Herausnehmen und auf dem Herd in einer Pfanne in Butter goldbraun anrösten. Mit Salz und Pfeffer abschmecken.

Servier-Vorschlag

Die Crepinetten mit den Schwarzwurzeln auf einem Teller anrichten und je nach Belieben mit Fasanenjus und/oder Geflügelrahmsauce beträufeln.

	MICROWELLE	MICROWELLE mit Heißluft	MICROWELLE Herd
Einschubhöhe	3	3	3
Temperatur	Grill 3	Grill 3	Grill 3
Mikrowelle	90 W	90 W	90 W
Zeit	4—6 Min./ 2—4 Min.	4—6 Min./ 2—4 Min.	4—6 Min./ 2—4 Min.

Rehfilet in Blätterteig

Das, was sich hier in einen köstlichen Mantel hüllt, sollte ein mürbes, abgehangenes Filet aus einem Rehrücken sein. Am allerbesten schmeckt das Wildfleisch, wenn das Tier in der Decke (Fell) abgehangen wurde.

Der Rücken eines jungen Rehs wiegt ungefähr 1,5 kg, sein Fleisch ist feinfaserig und hell. An der Unterseite des Rückens liegen die Filets, während sich das übrige, etwas durchwachsenere Fleisch hier für die Farce eignet.

Zutaten für 4 Personen

160 g eiskaltes Rehfleisch · 80 g eiskaltes Schweinebauchfett

80 g Crème double · Salz · weißer Pfeffer aus der Mühle

2 Schalotten · 100 g Waldpilze (z. B. Steinpilze, Pfifferlinge)

Mehl für die Arbeitsfläche

160 g Blätterteig (oder 3 Platten tiefgekühlter Blätterteig)

2 Rehfilets (à 150 g) · 1 Eigelb · 1 EL Sahne

150 g Rosenkohl · Pergamentpapier · 1 EL Butter

4 Steinpilze · etwas Butter

Rezept für Rehsauce siehe Seite 126.

Zubereitung

Für die Rehfarce das gekühlte Rehfleisch und das Schweinebauchfett salzen, durch die feine Scheibe des Fleischwolfes drehen und mit der Crème double pürieren (Küchenmaschine oder Pürierstab). Die Schalotte schälen, fein hacken und in ein mikrowellengeeignetes Geschirr mit Deckel geben. Die Waldpilze putzen, in Stücke schneiden und zu den Schalotten geben. Zugedeckt bei 600 Watt 2–3 Minuten dünsten und abkühlen lassen, unter die Rehfarce heben und mit Salz und Pfeffer würzen.

Die Arbeitsfläche dünn mit Mehl bestäuben und je die Hälfte des

Blätterteiges (80 g oder 1½ Platten aufgetauten Blätterteig) zu einem Rechteck von etwa 15×20 cm ausrollen. Den Blätterteig mit je der Hälfte der Rehfarce bestreichen, dabei einen kleinen Rand lassen. Die Rehfilets mit Salz und Pfeffer würzen, jeweils ein Rehfilet in der Mitte des Blätterteigs auf der Farce anordnen. Das Eigelb mit der Sahne verquirlen und mit der Hälfte die Blätterteigränder bestreichen. Die Filets einschlagen und die Ränder festdrücken. Die Rehfilets bis zur weiteren Verwendung kalt stellen. Das Gerät ohne Zuschaltung der Mikrowelle auf Heißluft 200—220°C vorheizen.

Den Rosenkohl putzen und entblättern. Das Gemüse mit 1 EL Wasser in ein mikrowellengeeignetes Geschirr mit Deckel geben, mit nassem Pergamentpapier abdecken und zugedeckt bei 600 Watt ½—1 Minute blanchieren, abgießen und in 1 EL Butter schwenken. Die Rehfilets nebeneinander (die Mitte freilassen) in der Fettpfanne anordnen, mit der restlichen Eigelb-Sahne-Mischung bespinseln und — wie in der Tabelle angegeben — braten.

Nach der Hälfte der Garzeit die Rosenkohlblätter um die Rehfilets verteilen. Inzwischen die Steinpilze putzen, in Scheiben schneiden und auf dem Herd in einer Pfanne in der Butter anrösten. Mit Salz und Pfeffer abschmecken.

Servier-Vorschlag

Das Filet 2 Minuten ruhen lassen, dann jedes Filet in 4 Stücke schneiden und zusammen mit den Steinpilzen, dem Rosenkohl und der Rehsauce anrichten.

	MICROWELLE	MICROWELLE mit Heißluft-Herd	MICROWELLE Herd
Einschubhöhe	1	1	1
Temperatur	220—240°C Ober-/Unterhitze	200—220°C Heißluft	200—220°C Heißluft
Mikrowelle	90 W	90 W	90 W
Zeit	10—12 Min.	10—12 Min.	10—12 Min.

Geschmorte Kalbsstelze
mit gefüllten Zwiebeln und
Romanesko-Röschen

Blumenkohl muß nicht immer weiß sein — in Sizilien gibt es ihn sogar in Rosa, und bei uns taucht inzwischen immer häufiger ein hellgrüner Vertreter auf: der Romanesko — kein italienischer Baustil also, sondern eine köstliche Züchtung aus dem beliebten weißen Gemüse, die vor einigen Jahren noch völlig unbekannt war. Inzwischen erobert er sich fast von selbst die deutsche Küche.

Und er sieht nicht nur edel aus, der Romanesko, er ist auch reich an Vitaminen und Mineralstoffen — eine extravagante und gesunde Bereicherung für jedes noch so schlichte Gericht.

Zutaten für 4 Personen
1 Kalbsstelze (1–1½ kg) · Salz · Pfeffer aus der Mühle
Paprikapulver · 2 EL Butter · ¼ l Wasser
12 kleine Zwiebeln · 12 Romanesko-Röschen
Für die Zwiebelfüllung:
120 g Champignons · 2 EL Butter · Salz
Pfeffer aus der Mühle · 40 g kleine Brotwürfel
80 g Kalbfleisch · 40 g Crème double
Muskatnuß (frisch gerieben)

Zubereitung

Die Kalbsstelze mit Salz, Pfeffer und Paprikapulver würzen, mit der Butter in ein hohes, mikrowellengeeignetes, hitzebeständiges Geschirr geben und offen — wie in der Tabelle angegeben — unter mehrmaligem Wenden garen. Nach und nach den ¼ l Wasser zugeben.

Die Zwiebeln schälen und aushöhlen. Die Romanesko-Röschen waschen und 3—4 Minuten in kochendem Salzwasser auf dem Herd in einem Topf blanchieren.

Für die Füllung: Die Champignons putzen, waschen und mit 1 EL der Butter in einer Pfanne auf dem Herd rösten. Mit Salz und Pfeffer abschmecken. Die Brotwürfel in der restlichen Butter goldbraun rösten und abkühlen lassen.

Das eiskalte Kalbfleisch salzen und pürieren (Küchenmaschine). Die Crème double langsam dazugeben und mit Pfeffer und Muskatnuß abschmecken. Die Masse durch ein feines Sieb streichen. Die Champignons und Brotwürfel unterheben und in die Zwiebeln füllen.

In den letzten 15 Minuten der Garzeit die Zwiebeln und die Romanesko-Röschen um das Fleisch herumgeben und mitgaren.

·Servier-Vorschlag

Die Kalbsstelze herausnehmen, das Fleisch vom Knochen lösen. Zusammen mit den Gemüsen auf Tellern anrichten und mit dem gewonnenen Bratensaft begießen.

	MICROWELLE	MICROWELLE mit Heißluft	MICROWELLE Herd
Einschubhöhe	1	1	1
Temperatur	170—180°C Ober-/Unterhitze	160—170°C Heißluft	160—170°C Heißluft
Mikrowelle	180/90 W	180/90 W	180/90 W
Zeit	35/25 Min.	35/25 Min.	35/25 Min.

Nachspeisen

Kirschstrudel mit Zimt-Sabayon

Keine Angst vor Strudel. Die Zubereitung des hauchdünnen Teigmantels, der 1001 verführerisch-süße und herzhafte-deftige Füllungen umhüllen kann, ist halb so schlimm. Und das Ergebnis ist ein bißchen Mühe wert: als Nuß-, Mohn-, Obst-, Quarkstrudel genauso wie als Hackfleisch-, Schinken-, Lauch- oder Spinatstrudel.

Hier noch zwei Tricks vor dem Backen: Den Teig nicht zu fest aufrollen, sonst könnte er platzen. Und immer mit Öl oder Butter einstreichen, damit die Oberfläche nicht austrocknet und brüchig wird.

Zutaten für 4 Personen
125 g Mehl (Type 405) · 1 Ei · Salz · 30 g Öl · 30 g Staubzucker
FÜR DIE FÜLLUNG:
500 g Kirschen · 50 g Butter
30 g geriebene Haselnüsse · 20 g gehackte Pistazien
20 g Zucker mit Zimt (nach Geschmack mischen)
FÜR DIE ZIMT-SABAYON:
4 Eigelb · 150 ml Wein · 1 Schuß Amaretto-Likör · 2 Msp Zimt
40 g Zucker · 1 Schuß Champagner

Zubereitung

Das Mehl in eine Schüssel oder auf ein Brett sieben, eine Mulde eindrücken und das Ei, Salz, Öl sowie den Staubzucker hineingeben. Alles rasch zu einem geschmeidigen Teig verkneten. So lange abschlagen, bis er sich vollkommen aus der Schüssel oder vom Brett löst.

Teig dünn mit Öl bepinseln. An einem warmen Ort in einer Schüssel unter einem feuchten Tuch (es darf den Teig nicht berühren) 3 Stunden ruhen lassen.

In der Zwischenzeit die Kirschen waschen, entstielen und entsteinen.

Auf der Arbeitsfläche ein Geschirrtuch auslegen. Darauf den Strudelteig so dünn »ausziehen«, daß man durch ihn Zeitung lesen könnte. Dabei dürfen keine Löcher entstehen. Den etwas dikkeren Rand abschneiden (als Suppeneinlage verwenden). Die Butter bei 600 Watt 1 Minute lang schmelzen und den Teig mit der halben Menge bestreichen.

Für die Füllung die vorbereiteten Kirschen auf dem ersten Drittel des Teiges verteilen. Die geriebenen Haselnüsse mit den gehackten Pistazien, dem Zucker und dem Zimt mischen und über die Kirschen streuen. Den Strudel durch Anheben des Tuches aufrollen, nach der ersten Umdrehung die Ränder seitlich einschlagen. Dann das Ganze vorsichtig auf ein mit Backpapier ausgelegtes Backblech heben. Den Strudel mit der restlichen, flüssigen Butter bestreichen und in das vorgeheizte Gerät (Einstellung siehe unten) schieben.

Für die Zimt-Sabayon Eigelb in eine Schüssel geben und mit dem Wein, dem Schuß Amaretto, Zimt und Zucker schaumig schlagen. Bei 600 Watt insgesamt 3 Minuten erwärmen. Zwischendurch — jeweils nach einer Minute — die Masse kräftig aufschlagen und zum Schluß einen Schuß Champagner unterrühren.

Servier-Vorschlag

Den Kirschstrudel in ca. 4 cm dicke Stücke schneiden, mit Puderzucker und Kakaopulver bestäuben und die Zimt-Sabayon dazu reichen.

Für das Muster verwendet man Kirsch- und Erdbeersauce, zur Garnitur ein paar Minzblättchen.

96

	MICROWELLE	MICROWELLE mit Heißluft	MICROWELLE Einbauherd
Einschubhöhe	1	2	1
Temperatur	210°C Ober-/Unterhitze	180°C Umluft-Grill	180°C Umluft-Grill
Mikrowelle	180 W	180 W	180 W
Zeit	14—16 Min.	14—16 Min.	14—16 Min.

Buchteln mit Haselnüsssen und Kirschragout

Hefeteig braucht etwas Zeit. Aber da die Hefe »mitarbeitet«, hält sich der Arbeitsaufwand in Grenzen.

Hefe ist eine lebendige Substanz aus Kleinstpilzen, die in Verbindung mit lauwarmer Flüssigkeit und auch Zucker an einem warmen Ort (ab 20—25 °C, am besten jedoch bei 37 °C) »sprossen«. Dabei entstehen Kohlendioxid und Alkohol, die — zusammen mit dem später in der Backhitze aufkommenden Wasser- und Alkoholdampf — den Teig treiben und auflockern. Hefe geht nicht auf, wenn sie zu alt (braun und rissig) ist — wenn sie direkt mit Salz, Eigelb und Fett in Berührung kommt oder die Milch für den Vorteig zu kalt bzw. zu warm (über 40 °C) ist.

Zutaten für 4 Personen
100 ml Milch · 30 g Hefe · 60 g Zucker
275 g Mehl · 25 g geriebene Haselnüsse · 30 g Zucker
2 Eigelb · ¼ unbehandelte Limone · 30 g Butter · Salz
Butter für zwei Schwarzblechkastenformen à 24 cm
50 g Butter zum Bestreichen
FÜR DAS KIRSCHRAGOUT:
400 g Süßkirschen · 10 g Butter · 0,2 cl Kirschwasser
20 g Zucker · 2 Msp Zimt · 0,3 cl Cassis

Zubereitung

Die Milch mit 60 g Zucker bei 600 Watt 15 Sekunden erwärmen (nicht über 40 °C). Die Hefe in die lauwarme Milch bröseln und mit etwas Mehl vermischen. Im Herd bei 50 °C 15 Minuten gehen lassen.

Die Hefemilch mit Mehl, Haselnüssen, 30 g Zucker, den Eigelben, der abgeriebenen Schale der ¼ Limone, Butter und Salz verkneten. Den Teig schlagen, bis er sich von der Schüssel löst, glänzend und geschmeidig ist. An einem warmen Ort weitere 35 Minuten zugedeckt gehen lassen.

Den Teig 1,5 cm dick ausrollen. Mit einem runden, »markstückgroßen« Plätzchenausstecher kleine Buchteln ausstechen.

Die Schwarzblechkastenformen buttern und darauf — dicht nebeneinander — die Buchteln setzen. Nochmals an einem warmen Platz gehen lassen, ca. 15 Minuten. In dieser Zeit den Grill vorheizen. Und dann beide Formen, wie unten beschrieben, backen.

Das Gebäck aus der Form lösen. Die Butter bei 600 Watt ½ Minute schmelzen. Die warmen Buchteln damit bestreichen.

Das Kirschragout zubereiten während der Teig geht. Die Kirschen waschen, entsteinen und halbieren. Die Butter bei 600 Watt 2 bis 3 Minuten aufschäumen, die Kirschen hineingeben und nochmals bei 600 Watt 2 Minuten in das Gerät schieben.

Kirschwasser, Zucker, Zimt und Cassis dazugeben und im geschlossenen Geschirr bei 600 Watt 5 Minuten köcheln lassen.

Servier-Vorschlag

Einen weißen (neutralen) Teller mit gebräunten Mandelblättchen bestreuen, mit dem Kirschragout und weißer Sauce anrichten. Dann die mit Staubzucker bepuderten Buchteln dazulegen.

Für die weiße Sauce Naturjoghurt, Limettensaft und Staubzucker verschlagen.

	MICROWELLE	MICROWELLE mit Heißluft	MICROWELLE Einbauherd
Einschubhöhe	1	2	3
Temperatur	Grill-Stufe 2	200 °C Umluft-Grill	200 °C Umluft-Grill
Mikrowelle	90 W	90 W	90 W
Zeit	8—9 Min.	8—9 Min.	8—9 Min.

Feige in Cassis mit Mohnmus

Die Feige, die schon seit Urzeiten gezüchtet wird, soll aus Kleinasien stammen. Heute gibt es etwa 400 verschiedene Sorten mit gelber, blaugrüner oder violetter Schale. Die exotischen Früchtchen kommen aus aller Herren Länder zu uns: aus Kalifornien, Brasilien, Süd- und Nordafrika, Australien, Neuseeland und aus dem Mittelmeerraum.

Beim Einkauf sollte man auf eine fleckenlose Haut ohne Druckstellen achten, denn angeschlagene oder überreife Früchte schmekken nicht mehr. Im September/Oktober — zur Feigenernte in Italien — ist das Angebot am größten.

Zutaten für 4 Personen
4 frische Feigen — am besten die lila Früchte aus der Türkei
FÜR DAS MOHNMUS:
60 g gemahlener Mohn · ca. ⅛ l Portwein
2½ Blatt Gelatine · 3½ Tafeln weiße Schokolade (350 g)
1 Ei · 1 Eigelb · 500 g Sahne
FÜR DIE CASSIS-SAUCE:
500 g Cassisbeeren (schwarze Johannisbeeren)
150 g Portwein · 150 g Zucker
1 Stück unbehandelte Orangenschale · 1 Stück Vanilleschote
0,2 cl Cassis-Likör · 0,2 cl Grand Marnier · 1 Msp Zimt

Zubereitung

Den Mohn in eine Schüssel geben, mit Portwein übergießen bis er bedeckt ist und bei 600 Watt 6 Minuten quellen lassen. Die Gelatine in kaltem Wasser einweichen, ausdrücken. Bei 600 Watt 15 Sekunden auflösen.

Weiße Schokolade zerkleinern und bei 360 Watt 4½ Minuten schmelzen.

Ei und Eigelb miteinander verschlagen und die aufgelöste Gelatine untermischen. Zuerst die Schokolade, dann den Mohn einrühren und das Ganze etwas abkühlen lassen. Die Sahne steif schlagen, vorsichtig unterziehen und das Mohnmus kalt stellen (ca. 3 Stunden).

Die Feigen vorsichtig schälen, beiseite stellen und mit Folie abdecken.

Die Cassisbeeren waschen, verlesen und in eine Schüssel geben. Vorsichtig mit Portwein, Zucker, Orangenschale, Vanilleschote, Cassis-Likör, Grand Marnier und Zimt vermischen. Die Sauce zugedeckt bei 600 Watt 6 Minuten köcheln lassen.

Orangenschale und Vanilleschote herausnehmen. Sauce in der Küchenmaschine pürieren und durch ein Haarsieb streichen. Die Cassis-Sauce bei 600 Watt 2 Minuten erwärmen. Die vorbereiteten Feigen in die heiße Cassis-Sauce legen und 2 Stunden darin ziehen lassen.

Servier-Vorschlag

Einen weißen (neutralen) Teller mit Staubzucker und kleingehackten Pistazien bestreuen und je eine Feige darauflegen. Mit einem in heißes Wasser getauchten Eßlöffel zwei Mohnmus-Klößchen abstechen und mit der Cassis-Sauce anrichten.

Für das Muster verwendet man Erdbeermarksauce (Erdbeeren pürieren) und weiße Sauce (Naturjoghurt mit Limettensaft und Staubzucker verschlagen).

	MICROWELLE	MICROWELLE mit Heißluft	MICROWELLE Einbauherd
Einschubhöhe	1	1	2
Temperatur	siehe ›Zubereitung‹		
Mikrowelle	siehe ›Zubereitung‹		
Zeit	siehe ›Zubereitung‹		

Geburtstags-Gugelhupf

Diese traditionsreiche Kuchenform — ursprünglich eine Sonntagsleckerei großbürgerlicher Familien — ist längst zum beliebten Allerwelts-Napfkuchen geworden. Charakteristisch: seine altmodische Backform, in der der sehr weiche Hefe- oder Backpulverteig Halt findet. Daher auch sein Name: diese köstliche Mischung aus »Gugel« und »Humpen«. Gugel (oder Gugele, Kogel, Kugel) war eine schon im Altertum getragene Kopfbedeckung, die sich mit der Zeit von einer Art Kragenkapuze mit herunterhängendem Zipfel zum Turban-Verschnitt wandelte. Ähnlichkeiten also nicht rein zufällig …

Zutaten
360 g Butter · 360 g Zucker · 5 Eier
die Schale von ½ Zitrone · 120 g frischgemahlene Haselnüsse
320 g Mehl · 1 Prise Salz · ½ gestrichener TL Backpulver
FÜR DIE FORM:
Butter und Semmelbrösel

Zubereitung

Die Butter bei 360 Watt 1½ Minuten schmelzen und schaumig rühren bis sich »Rosen« bilden. Nach und nach abwechselnd den Zucker und die Eier zugeben. Die Schale von ½ Zitrone abreiben und mit den Haselnüssen untermengen. Das Mehl mit dem Backpulver sieben und mit dem Schneebesen vorsichtig unterheben. Die Backform buttern und mit Semmelbrösel ausstreuen.

Servier-Vorschlag

Den Gugelhupf mit Staubzucker bepudern und mit fächerförmig angerichtetem Apfelgratin und frischen Walderdbeeren servieren.

	MICROWELLE	MICROWELLE mit Heißluft	MICROWELLE Einbauherd
Einschubhöhe	Rost 2	Rost 0	Rost 0
Temperatur	190°C Ober-/Unterhitze	190°C Ober-/Unterhitze	190°C Ober-/Unterhitze
Mikrowelle	90 W	90 W	90 W
Zeit	35 Min.	35 Min.	35 Min.

Scheiterhaufen
aus Brioches und Äpfeln

Früher, als in den meisten Haushalten Brot noch selbst gebacken wurde und es Altbackenes in Hülle und Fülle gab, bildeten Brotreste die Basis für viele preiswerte, köstliche Mahlzeiten. Und jede Hausfrau hatte ihr süßes Geheimnis, um der Familie den ständig wiederkehrenden Scheiterhaufen bzw. Ofenschlupfer in immer neuen Variationen schmackhaft zu machen.

Auch diese leckeren »Scheiterhäufchen« schmecken mit selbstgebackenen Brioches vom Vortag am besten. Sie sind ganz einfach zuzubereiten und — frisch aus dem Ofen — einfach »göttlich«.

Zutaten für 4 Personen

4 Förmchen (⅛ l Inhalt) · 8 Scheiben Brioche (etwa ½ cm dick)

1 EL Butter · 1 EL Puderzucker

2 mittelgroße, säuerliche Äpfel (z. B. Boskop)

80 g getrocknete Aprikosen · 50 ml Aprikosen-Brandy

Butter zum Ausstreichen der Förmchen

etwas Zucker und Zimt

250 ml Milch · 3 Eier · 2 EL Zucker

Zubereitung

Die Briochescheiben im Durchmesser der Förmchen ausschneiden. Mit Butter in einer Pfanne goldgelb ausbacken, zwischendurch leicht mit Puderzucker bestäuben. Die Äpfel schälen, das Kerngehäuse ausstechen, in je 4 ca. 1 cm dicke Scheiben schneiden und ebenfalls der Förmchengröße anpassen. Wie die Briochescheiben mit Butter in der Pfanne dünsten, mit Puderzucker bestäuben und leicht karamelisieren lassen.

Jetzt die Aprikosen sehr fein würfeln und — zusammen mit dem Aprikosen-Brandy — in einem mikrowellengeeigneten Geschirr bei 600 Watt 2 Minuten quellen lassen.

Das Gerät ohne Mikrowelleeinschaltung auf 200 °C Heißluft vorheizen. Die Förmchen gut ausbuttern und mit der Zucker-Zimt-Mischung ausstreuen. Nun die Hälfte der Aprikosen auf dem Förmchenboden verteilen, darauf je eine Brioche-, eine Apfelscheibe, wieder eine Brioche- und eine Apfelscheibe legen und das Ganze mit den restlichen Aprikosen krönen.

Die Milch mit den Eiern und dem Zucker verquirlen, vorsichtig in die Förmchen füllen und alles, wie in der Tabelle angegeben, garen. Danach 2 Minuten ruhen lassen. Mit einem Messer den Rand vorsichtig lösen und stürzen.

Servier-Vorschlag

Auf einem weißen Teller mit etwas eiskalter Vanillesauce und einigen halbierten Pistazienkernen anrichten.

	MICROWELLE	MICROWELLE mit Heißluft	MICROWELLE Herd
Einschubhöhe	—	1	1
Temperatur	—	200 °C Heißluft	200 °C Heißluft
Mikrowelle	—	360 W	360 W
Zeit	—	$4\frac{1}{2}$—$5\frac{1}{2}$ Min.	$4\frac{1}{2}$—$5\frac{1}{2}$ Min.

Himbeergratin

Bei der Wahl des idealen Desserts — das jedem Menü das passende Krönchen aufsetzen sollte — würde Himbeergratin gewiß zu den Favoriten zählen. Denn es ist süß, ohne den Mund zu verkleben. Luftig-leicht, ohne den Magen und das schlechte Kalorien-Gewissen zu belasten. Fruchtig-frech und viel zu raffiniert, um gleich in Vergessenheit zu geraten. Und: es ist eine Ganz-Jahres-Leckerei, die man immer vorrätig haben und minutenschnell zubereiten kann. Denn das Gratin schmeckt durchaus auch mit Beeren aus der Tiefkühltruhe.

Zutaten für 4 Personen

300 g frische Himbeeren · 2 cl Himbeergeist

1 EL Puderzucker · 3 Eiweiß · 50 g Zucker · 1 Eigelb

3 cl Grand Marnier · Puderzucker zum Bestäuben

Zubereitung

Das Gerät auf Grillstufe 3 vorheizen.

50 g Himbeeren pürieren, durch ein Sieb streichen, den Himbeergeist dazugeben und mit dem Puderzucker abschmecken. Die restlichen Himbeeren auf 4 mikrowellengeeigneten, hitzebeständigen Suppentellern verteilen und das Himbeermark darübergeben.

In einem fettfreien Gefäß Eiweiß mit dem Zucker steif schlagen. Vorsichtig das Eigelb und den Grand Marnier unterziehen. Die Creme über den Himbeeren verteilen.

Je nach Gerätegröße zwei oder alle vier tiefen Teller auf den Rost stellen und wie unten angegeben gratinieren.

Servier-Vorschlag

Mit Puderzucker bestäuben und noch warm servieren.

	MICROWELLE	MICROWELLE mit Heißluft	MICROWELLE Herd
Einschubhöhe	1	2	2
Temperatur	Grill-Stufe 3	Grill-Stufe 3	Grill-Stufe 3
Mikrowelle	180 W	180 W	180 W
Zeit	1½—2 Min.	1½—2 Min.	1½—2 Min.

Lebkuchenauflauf
mit eingelegten Orangen und Rum-Sabayon

Was in der Adventszeit gut ist, kann einem das ganze Jahr über nur recht sein, zumal Kenner behaupten, der Lebkuchen habe zu Ostern sein Aroma erst richtig entfaltet.

Ein lustiges Sabayon und »beschwipste« Orangenfilets haben den würzigen Kuchen hier jedenfalls vom Knusperhäuschen weggelockt, um ganz schnell in der Mikrowelle ein »umwerfendes« Dessert zu zaubern.

Zutaten für 4 Personen

FÜR DIE EINGELEGTEN ORANGEN:

4 filierte Orangen (Filets herausschneiden)

¼ l trockener Weißwein · 125 g Zucker

Mark von 1 Vanilleschote · 1 Zimtstange

4 Nelken · 10 Korianderkörner

FÜR DEN AUFLAUF:

150 g frische Elisenlebkuchen mit beliebiger Glasur

15 g gehobelte Mandeln · 10 g gehacktes Zitronat

10 g gehacktes Orangeat · 1 EL Honig · 3 EL Rum

100 g Sahne · 100 ml Milch · 25 g Zucker

2 Eigelb · 1 Ei · 1 Prise Salz

1 Msp Kardamom · etwas Butter und Zucker für die Förmchen

FÜR DAS SABAYON:

2 Eigelb · 80 ml trockener Weißwein · 50 g Zucker

2 EL geschlagene Sahne · 3 EL Rum

Zubereitung

Die vorbereiteten *Orangenfilets* in ein Einmachglas geben. Den Weißwein, den Zucker sowie die Gewürze im mikrowellengeeigneten Geschirr bei 600 Watt 3—4 Minuten aufkochen lassen und heiß über die Orangenfilets geben. Um einen besonders würzigen Geschmack zu erzielen, sollten die Orangen einige Tage marinieren.

Für den Auflauf die Oblate vom Lebkuchen entfernen und den Lebkuchen in grobe Würfel schneiden. Die Mandeln, das Zitronat, das Orangeat sowie den Honig und den Rum in ein mikrowellengeeignetes Geschirr geben, bei 600 Watt etwa 1—2 Minuten erwärmen und unter die Lebkuchen mengen.

4 Porzellanförmchen von je ⅛ l Inhalt buttern und zuckern und die Lebkuchenmasse darin verteilen. Aus Sahne, Milch, Zucker, den Eigelben und dem ganzen Ei, einer Prise Salz und dem Kardamom eine Royal (Eierguß) bereiten und in die Förmchen geben.

Die 4 Förmchen in eine mit kochendem Wasser halb angefüllte mikrowellengeeignete Auflaufform stellen und wie in der Tabelle angegeben garen.

Nach der halben Garzeit die Förmchen etwas drehen, um ein gleichmäßiges Garen zu erzielen. Die Förmchen aus dem Wasserbad nehmen und ruhen lassen.

Für das Sabayon die Eigelbe mit dem Weißwein und dem Zucker im Wasserbad aufschlagen, kalt werden lassen und die geschlagene Sahne sowie den Rum unterheben.

Servier-Vorschlag

Je einen Auflauf auf einen Suppenteller stürzen, etwas Sabayon angießen und mit Orangenfilets garnieren. Mit gehacktem Zitronat und Pistazien verzieren.

	MICROWELLE	MICROWELLE mit Heißluft	MICROWELLE Herd
Einschubhöhe	1	1	1
Temperatur	—	—	—
Mikrowelle	180 W	180 W	180 W
Zeit	10—12 Min.	10—12 Min.	10—12 Min.

Bratapfel
mit Rosinen-Haselnuß-Füllung und Calvados

Bratäpfel haben eine lange Tradition — und wenn sie dampfend auf dem Teller liegen, duftet es richtig nach Winter. Früher hatte jede Hausfrau ein besseres Rezept als ihre Nachbarin für diese herrliche Süßspeise, denn die köstlichen Früchte überraschen mit immer wieder neuen Füllungen.

Wichtig ist, daß die Äpfel nicht zu klein sind und von einer festen, leicht säuerlichen Sorte stammen, damit sie beim Garen nicht auseinanderfallen — und mit ihrem köstlichen Innenleben mithalten können.

Zutaten für 4 Personen
FÜR DIE FÜLLUNG:
2 EL Rosinen · 2 cl Calvados · 50 g geriebene Haselnüsse
100 g Staubzucker · 40 g Mehl · 2 Eiweiß · 80 g Butter
4 rotbackige, mittelgroße Äpfel (Cox Orange)
4 cl Calvados · 2 cl Apfelsaft · 1 EL Butterflöckchen
1 EL gehobelte Haselnüsse (geröstet)

Zubereitung

Für die Füllung die Rosinen heiß abspülen und in die 2 cl Calvados einlegen. Die geriebenen Nüsse mit dem Staubzucker, dem Mehl und den Eiweiß fest verrühren. Die Butter auf der Herdplatte in einer Pfanne leicht braun werden lassen und unter die Nußmasse mengen.

Die Äpfel waschen, das Kerngehäuse herausstechen und in ein mikrowellengeeignetes, hitzebeständiges Geschirr setzen. Die Rosinen mit der Nußfüllung mischen und in die ausgestochenen Äpfel füllen. Den Calvados, den Apfelsaft sowie die Butter in das

Geschirr mit den Äpfeln geben. Wie in der Tabelle angegeben garen.

Servier-Vorschlag

Je einen Apfel auf einem Teller anrichten und mit dem Calvados-Apfelsaft-Gemisch beträufeln. Mit den gehobelten, gerösteten Haselnüssen garnieren.

	MICROWELLE	MICROWELLE mit Heißluft-Herd	MICROWELLE Herd
Einschubhöhe	1	2	2
Temperatur	200—220°C Ober-/Unterhitze	180—200°C Heißluft	180—200°C Heißluft
Mikrowelle	180 W	180 W	180 W
Zeit	12—15 Min.	12—15 Min.	12—15 Min.

Birnentarte mit Gewürzeis

Süße Tartes sind als Dessert unschlagbar, weshalb die Zahl ihrer Fans und die ihrer herzhaften »Geschwister«, den Quiches, auch in Deutschland täglich zunimmt.

Die traditionelle französische Tarte wird aus zartem Mürbeteig zubereitet, aber auch eine Grundlage aus Blätterteig verachtet sie nicht, und hält sich dadurch hinter der fruchtig-delikaten Füllung dezent zurück.

Und noch etwas: Die Birnentarte möchte gerne noch warm serviert werden — mit Eis. Voilà!

Zutaten für 2 Personen
FÜR DAS EIS:
150 g Sahne · 200 ml Milch · Zimtstangen
5 Nelken · 3 Anissterne · 4 Eigelb · 80 g Zucker
FÜR DIE TARTE:
Mehl für die Arbeitsfläche
120 g Blätterteig (oder 2 Platten tiefgekühlter Blätterteig)
3 Birnen (vollreif) · 2 EL gehobelte Mandeln (geschält)
1 EL Zucker · 1 EL Butter · 1 TL Zimtzucker
etwas Butter für die Formen

Rezept für Blätterteig siehe Seite 128.

Zubereitung

Für das Eis: Falls Sie die Möglichkeit haben, Ihr Eis selbst herzustellen, folgenden Vorschlag: Die Sahne und die Milch zusammen mit den zerdrückten Gewürzen (Zimt, Nelken, Anis) in einem Topf auf der Herdplatte aufkochen und 10—15 Minuten ziehen lassen. In der Zwischenzeit die Gemüse und den Zucker schaumig rühren, mit der abgekühlten Sahne-Milch-Mischung ver-rühren und über dem Wasserbad zur »Rose abziehen«.

Das heißt, die Eismasse erhitzen, bis die Flüssigkeit dicklich wird. Von der Kochstelle nehmen und durch ein feines Sieb passieren. Abkühlen lassen und in der Eismaschine cremig gefrieren.

Für die Tarte: 2 Tarteformen aus Schwarzblech (Ø 14 cm) ausbut-tern. Je 60 g des Blätterteiges auf einer bemehlten Arbeitsfläche dünn ausrollen und die Formen damit auslegen. Einen 1 cm ho-hen Rand stehenlassen.

Das Gerät auf 180—200°C Heißluft vorheizen. Die Birnen schä-len, das Kerngehäuse entfernen und die Birnen in dünne Spalten schneiden. Fächerförmig die Tarte damit belegen.

Die Mandeln, den Zucker und die Butter auf einem kleinen Tel-ler bei 600 Watt 1 Minute erwärmen, mischen, auf die Birnenfä-cher verteilen und den Zimtzucker darüberstreuen. Wie in der Tabelle angegeben backen.

Servier-Vorschlag

Die Tarte aus der Form nehmen und mit einem »Nockerl« Eis wie abgebildet anrichten.

	MICROWELLE	MICROWELLE mit Heißluft	MICROWELLE Herd
Einschubhöhe	1	2	2
Temperatur	210—230°C Ober-/Unterhitze	190—210°C Heißluft	190—210°C Heißluft
Mikrowelle	90 W	90 W	90 W
Zeit	10—12 Min.	8—10 Min.	8—10 Min.

Grundzubereitungen

Gelee von der Wachtel

Zutaten für ½ l Gelee
4 Wachtelkarkassen · 150 g Rinderwade
10 g Karotten · 10 g Staudensellerie · 1 Schalotte
1 Tomate · Salz · 2 Eiweiß
5 zerdrückte Pfefferkörner · 3 zerdrückte Wacholderbeeren
einige Petersilienzweige · ½ l Geflügelbrühe
3 cl Madeira · 4 Blatt Gelatine

Zubereitung

Die Wachtelkarkassen in einem großen Topf in wenig Fett im Ofen anrösten. Das Fleisch der Rinderwade ohne Fett durch die grobe Scheibe des Fleischwolfs drehen. Die Schalotten schälen. Die Karotten und den Sellerie putzen, waschen und kleinschneiden. Die Schalotte und die Tomate würfeln.

Das durchgedrehte Fleisch salzen und gut mit dem Eiweiß verrühren. Das Hackfleisch mit den Gewürzen, den kleingeschnittenen Petersilienzweigen und dem Gemüse zu den Karkassen geben. Mit der Geflügelbrühe und dem Madeira aufgießen. Unter ständigem Rühren zum Kochen bringen, dann 30 Minuten bei schwacher Hitze ziehen lassen. Durch ein Tuch passieren, abfetten und die eingeweichte Gelatine darin auflösen.

Nach dem Erkalten das Gelee in kleine Würfel schneiden oder hacken.

Rehsauce

Zutaten für 4–6 Personen

FÜR DIE MARINADE:

KNOCHEN VON EINEM REHRÜCKEN

20 G KAROTTEN · *20 g Staudensellerie* · *30 g Zwiebel*

20 g Speckstreifen · *1 Thymianzweig* · *1 Lorbeerblatt*

5 Wacholderbeeren · *10 Pfefferkörner*

2 Gewürznelken · *1 Knoblauchzehe* · *¾ l Burgunder*

50 ml Olivenöl · *1 EL Butter* · *1 l Wasser*

FÜR DAS LEBERPÜREE:

2 cl Cognac · *2 cl Madeira* · *50 ml Burgunder* · *1 Schalotte*

etwas Orangen- und Zitronenschale (unbehandelt)

60 g Reh- oder Geflügelleber

FÜR DIE SAUCE:

1 EL Preiselbeerkonfitüre · *Saft von ½ Zitrone* · *Salz*

Pfeffer aus der Mühle · *2 EL Kalbsblut*

Zubereitung

Die Rehknochen mit dem kleingeschnittenen Gemüse in eine Marinade aus den Gewürzen, Kräutern und dem Rotwein 1–2 Tage einlegen.

Danach herausnehmen, und in einem Topf in Olivenöl und Butter anbraten. Mehrmals mit der Marinade ablöschen und wieder einkochen. Dann mit dem Wasser und der restlichen Marinade auffüllen und bei schwacher Hitze etwa 1½ Stunden köcheln lassen.

Für das Leberpüree den Cognac mit dem Madeira, dem Rotwein, der kleingeschnittenen Schalotte und den Gewürzen in einem Topf fast völlig einkochen lassen, abpassieren und die Leber kurze Zeit darin aufkochen; pürieren und passieren.

Die Rehsauce passieren, das Püree unterrühren und schwach köcheln lassen. Mit Preiselbeerkonfitüre, Zitronensaft, Salz und Pfeffer abschmecken und mit dem Kalbsblut binden. Nochmals passieren.

Fasanenjus

Zutaten für 4 Personen

Karkasse eines Fasans · etwas Pflanzenöl

100 g Steinpilze · 50 g Staudensellerie · 50 g Schalotten

5 Wacholderbeeren · 3 Gewürznelken

1 Lorbeerblatt · 1 Thymianzweig · 50 g geschälte Maroni

4 cl Portwein · 4 cl Cognac

200 ml trockener Weißwein · ½ TL Tomatenmark

600 ml Rinderbrühe · Salz

Pfeffer aus der Mühle

Zubereitung

Die Fasanenkarkasse in einem Topf in etwas Öl anbraten. Die Pilze, den Staudensellerie und die Schalotten kleinschneiden. Mit den Gewürzen und Kräutern sowie den kleingeschnittenen Maroni zu den Karkassen in den Topf geben und alles mitrösten. Mit Portwein, Cognac und dem Weißwein ablöschen, das Tomatenmark unterrühren und fast völlig einkochen lassen. Dann mit der Rinderbrühe auffüllen und etwa 1½ Stunden köcheln lassen.

Die Sauce passieren, abfetten, mit Salz und Pfeffer abschmecken.

Geflügelrahmsauce

Zutaten für 4 Personen

1 Schalotte · 3 Champignonköpfe · 1 EL Butter

300 ml kräftige Geflügelbrühe · 150 g Sahne

Salz · Pfeffer aus der Mühle

Zubereitung

Die feingeschnittene Schalotte mit den blättrig geschnittenen Champignonköpfen in einer Pfanne in der Butter andünsten. Mit der Geflügelbrühe aufgießen und einkochen lassen, dann die Sahne dazugeben und nochmals zur Hälfte reduzieren. Mit dem Pürierstab pürieren und durch ein feines Sieb passieren. Mit Salz und Pfeffer abschmecken.

Blätterteig

Zutaten für 1 kg

FÜR DEN WASSERTEIG:

300 G MEHL · 20 g Salz · 150 ml Wasser

FÜR DEN BUTTERTEIG:

150 g Mehl · 500 g Butter

Zubereitung

Zutaten für beide Teige jeweils verkneten und 30 Minuten kühl stellen.

Den Butterteig zu einem 60×30 cm großen Rechteck, den Wasserteig zu einem 30×30 cm großen Quadrat ausrollen. Den Wasserteig auf die eine Hälfte des Butterteiges legen, mit der anderen Hälfte zudecken, gut andrücken und 30 Minuten ruhen lassen.

Den Teig zu einem 60×30 cm großen Rechteck ausrollen und 3 Teile markieren, aber nicht durchschneiden. Den rechten Teil auf den mittleren und dann auf den linken legen, das Mehl vorher abwischen. Nochmals ausrollen, in vier Teile teilen, die beiden äußeren Teile auf die inneren legen und dann beide Teile zusammenlegen. Kühl stellen, dann die beiden letzten Arbeitsgänge wiederholen und noch mindestens 2 Stunden kühl stellen.

Den festen Teig mit einem scharfen Messer zurechtschneiden und vor dem Ausstechen noch etwas stehenlassen.

Zum Backen auf einem Blech in den auf 190 °C vorgeheizten Backofen schieben, 5 Minuten backen. Dann bei 160 °C knusprig backen.

Entenstopfleber- oder Gänseleberpastete

Zutaten für 8 Personen
2 frische rohe Entenstopflebern (à 500 g)
Salz · 1 Prise Zucker · 1 Prise Muskatnuß (frisch gerieben)
1 Msp Gewürzmischung · Pfeffer aus der Mühle
2 cl Portwein · 1 cl Sauternes · 2 cl Armagnac oder alter Cognac
150 g ungesalzener frischer Speck · evtl. schwarze Trüffel

Zubereitung

Die Lebern in eine Schüssel mit kaltem Wasser, grobem Salz (20 g pro Liter) und Eiswürfeln legen. 12 Stunden kühl stellen. Dann trockentupfen, auseinanderbrechen, Gallenflecken sorgfältig herausschneiden, Haut abziehen, Nerven und blutige Adern entfernen und die Lebern wieder in die ursprüngliche Form bringen. Die Hälften an der Schmalseite zur Mitte hin in Richtung Hauptnerv aufschneiden und aufklappen. Den Nervenstrang entfernen. Die Lebern mit den Gewürzen bestreuen, in Portwein, Armagnac und Sauternes wenden. Zugedeckt 12 Stunden kühl stellen und immer wieder mit der Marinade begießen, eventuell einige schwarze Trüffel beigeben.

Den Backofen auf 70 °C vorheizen und eine mit Wasser gefüllte Pfanne hineinschieben. Eine Terrinenform mit den Speckscheiben auslegen, 3 cm über den Rand überlappen lassen. Eine große Leberhälfte mit der Rundung nach unten hineinlegen, Löcher mit einem Löffel zustreichen, kleinere Leberhälften darauflegen, glattstreichen. Die zweite große Leberhälfte mit der Rundung nach oben daraufsetzen und festpressen. Die Speckscheiben zusammenklappen, den Terrinendeckel aufsetzen und 1 Stunde im Wasserbad pochieren.

Begriffe aus der Küchenpraxis

Die meisten Zubereitungshinweise entstammen der französischen Sprache, der Geburtsstätte der ›haute cuisine‹. Wir haben uns in diesem Buch bemüht, auf die Profisprache weitgehend zu verzichten. Dennoch lassen sich einige Begriffe nicht so einfach vermeiden oder umschreiben. Zur Komplettierung Ihrer persönlichen Begriffe-Sammlung deshalb ein paar Erläuterungen:

Abpassieren   Den Bratenfond für die Sauce durch ein feines Sieb streichen.

al dente   Ein Begriff, der hauptsächlich für den Garzustand von Teigwaren verwendet wird. Das heißt, man kocht sie nur so lange, daß sie noch einen Biß haben, also einen winzigen herzhaften Kern im Inneren behalten.

Blanchieren   Kurzes Aufkochen von zartem Fleisch, Fisch und Innereien, um die Poren zu schließen, aber auch von Gemüse, um die Farbe zu erhalten.

Bleichsellerie   Eine aus Israel oder Südafrika stammende, tropische Selleriestaude. Mild im Geschmack, hellgrün bis gelblich, wird sie gerne auch als Dip roh gegessen.

blind backen   Durch dichtes Bestreuen mit getrockneten Hülsenfrüchten das Abheben des Teiges vom

Backformboden während des Backens verhindern.

Brioches Typisch französisches Gebäck aus leicht gesüßtem Hefeteig, rund geformt mit einem kleinen Krönchen aus demselben Teig als Verzierung.

Crème double Besonders fetthaltige, süße Sahne zum Andicken von Saucen. Nicht zu verwechseln mit Crème fraîche, einer gesäuerten Sahne.

Crepinettes Portionsweise angerichtete Fleischspeisen in verschiedenartigster Ummantelung.

Croûtons Geröstete Weißbrotwürfel, beispielsweise als schmackhafte Suppengarnierung.

Farce Mischung von sehr fein zerkleinerten Lebensmitteln, meist Fleisch, Fisch oder Geflügel, mit Panade, Sahne oder anderen Zutaten zwecks Bindung und Würzung. Findet vorwiegend als Füllung von Fleisch, Geflügel und Gemüse Verwendung.

Fond Grundlage für jede gute Sauce oder Suppe. Kann aus Knochen, Geflügelteilen oder Fischköpfen auf der Kochplatte bereitet werden.

Gratin Mit Sahne und/oder Käse Überbackenes, das gleichzeitig gegart wird.

Julienne Feine, längsgeschnittene Gemüsestreifen.

Jus Entsteht durch häufiges Aufgießen während des Bratvorganges von großen Fleischstükken. Besonders herzhaft im Geschmack, wenn das Fleisch auf gehackten Knochen und Wurzelgemüse gebraten wird.

Kalbsbries	Wachstumsdrüse vom Kalb, zart und mild im Geschmack.
Konsistenz	Beschaffenheit von Saucen und Suppen in bezug auf die Bindung.
Maroni	Aromatische Edelkastanie, die sich hervorragend zu Füllungen verarbeiten läßt.
Nockerl	Mit dem Löffel ausgestochene, eiförmige Portion einer festen Masse.
Parüren	Die beim Herrichten von Fleisch und Fisch abgeschnittenen Teile, die oft noch für Fonds verwendet werden.
Pochieren	Mit wenig Hitze köcheln oder gar ziehen ziehen.
Royal	Eiermilch, die durch Garen, meist im Wasserbad, schnittfest gemacht wird (Eierstich). Kann durch Beimischen von Gemüsesäften farblich verändert werden.
Sabayon	Mit Zucker und Aromastoffen, auch Alkohol, schaumig geschlagenes Eigelb.
Schalotte	Milde, heimische Zwiebelsorte mittlerer Größe.
Schweinenetz	Das netzartige, fetthaltige Bauchfellgewebe eignet sich optimal zum Umwickeln von Pasteten, da es die Füllung fest zusammenhält und sich geschmacksneutral beim Braten oder Grillen mit der Speise verbindet. Der hohe Fettanteil fördert zusätzlich die Bräunung.
Tarte	Süß belegter, zarter Mürbe- oder Blätterteig.
zur Rose abziehen	Im Wasserbad (bis max. 90 °C) aufgeschlagene Schaummasse, bestehend aus Eigelb, Zucker

und Aromastoffen. Eine Probe mit dem Kochlöffel zeigt an, ob die Masse ausreichend geschlagen wurde: Kochlöffel kurz eintauchen und anblasen. Wenn ein blütenartiges Gebilde entsteht, ist das Ergebnis optimal.

Alphabetisches Rezeptregister

Register nach Sachgruppen

GRUNDZUBEREITUNGEN

HEYNE KOCHBÜCHER

*Internationale
Meisterköche
im
Wilhelm Heyne
Verlag*

GASTON
LENÔTRE
*Feste und Partys
à la Lenôtre*

MEINE PARTY-REZEPTE

07/4463

180 ihrer
besten Rezepte

**Agnes
Ambergs
Kochbuch**

Internationale Kreationen
der Zürcher
Meisterköchin

MIT 40 FARBFOTOS VON REINHART WOLF

07/4566

**WOLFRAM
SIEBECK**
*Eine Prise
Süden*
Ein
Kochseminar
der mediterranen Küche

07/4585

**PAUL
BOCUSE**
Die Neue Küche

Die Rezepte
des Königs der Köche

07/4277

PAUL & JEAN-PIERRE
HAEBERLIN
**Meisterküche
im Elsaß**

**DIE AUBERGE
DE L'ILL**

07/4413

**ECKART
WITZIGMANN**
**Meisterwerke
aus der
Drei-Sterne-Küche**

Meine Tantris-Rezepte

07/4460

Ursula Fabian

**Rudolf
Katzenbergers**
Feine deutsche Küche

Menüs und Rezepte
vom Adlerwirt in Rastatt

07/4579

**HEINZ
WINKLER**
**Drei-Sterne-Küche
für zu Hause**

MEISTERWERKE AUS DER
EIGENEN KÜCHE

07/4556

HEYNE KOCHBÜCHER

*Die größte
Kochbuch-
Spezial-
sammlung!
Praktisch,
handlich,
preiswert*

07/4571

07/4574

07/4564

07/4555

07/4575

07/4501

07/4502

07/4586

HEYNE KOCHBÜCHER

*Die größte
Kochbuch-
Spezial-
sammlung!
Praktisch,
handlich,
preiswert*

07/4500

07/4563

07/4578

07/4573

07/4570

07/4510

07/4577

07/4567

HEYNE KOCHBÜCHER

*Gesunde Küche
und
Biokost im
Heyne-
Taschenbuch.*

DAS HEYNE
KOCHBUCH
DES JAHRES
für Vegetarier

Die schönsten Rezepte
für eine gesunde Ernährung

07/4568

Dr. I. Schindler · Dr. I. Bräckle
B. Karch

Das Kochbuch für
ALLERGIKER

Über 350 Rezepte für alle,
die auf bestimmte Nahrungsmittel
allergisch reagieren

07/4569

BARBARA RIAS-BUCHER
Desserts &
Bäckereien aus
der Vollwertküche

DIE 150 SCHÖNSTEN REZEPTE

07/4576

PETER REUSS
Die gesunde
Kräuter-
Küche

Viele
köstliche
Rezepte
mit frischen Kräutern und einer
ausführlichen Kräuterkunde

07/4495

Cornelia Schinharl
Die Nüsse-,
Kern-und
Samenküche

07/4559

Barbara Rias-Bucher
Kochen mit
Getreide
und
Hülsen-
Früchten

Von Ackerbohne bis Zuckermais
Über 200 Rezepte

07/4459

Monika Kellermann
Naturküche
aus der
Mikrowelle

Gesund, köstlich & schnell

07/4498

EVE MARIE HELM
Feld-Wald-und
Wiesen-
Kochbuch

Erkennen, Sammeln,
Zubereiten und Einkochen
von Wildgemüsen
und Wildfrüchten

07/4295

HEYNE
GETRÄNKEBÜCHER

Bücher für Genießer, die wissen, daß es wichtigeres gibt, als nur den Durst zu löschen

07/4572

07/4405

07/4452

07/4484

07/4432

07/4436

07/4365

07/4398

HEYNE RATGEBER

*Natürlich leben,
gesünder leben
mit Heyne-
Taschenbüchern*

08/9028

08/9030

08/9012

08/9065

08/4873

08/9089

08/4964

08/9188